C·H·Beck
PAPERBACK

D1665288

Katrin Wegner

Die Pille
und ich

Vom Symbol der
sexuellen Befreiung
zur Lifestyle-Droge

C.H.Beck

Originalausgabe

Verlag C.H.Beck oHG, München 2015
Satz: Druckereri C.H.Beck, Nördlingen
Druck und Bindung: Pustet, Regensburg
Umschlaggestaltung: Geviert, Grafik & Typografie, Christian Otto,
unter Verwendung von Motiven von Shutterstock
Printed in Gernamy
ISBN 978 3 406 68278 0

www.beck.de

Inhalt

1. Vom Verhütungsmittel zur Lifestyle-Droge

Seit drei Generationen ist die Pille das beliebteste Verhütungsmittel in Deutschland. Die Großmütter von heute erlebten ihre Markteinführung 1961 als junge Frauen in einer Zeit, in der die Gesellschaft sich zwar noch prüde zeigte, es jedoch bereits Anzeichen für eine Entwicklung hin zu sexueller Offenheit gab. Schon ein Jahrzehnt später wuchsen ihre Töchter als zukünftige zweite Pillengeneration in ein freizügigeres Leben hinein: im Westen als Kinder der sexuellen Revolution und im Osten als Töchter einer sexuell liberalen Diktatur. Längst sind diese Kinder ebenfalls zu Müttern geworden und haben Töchter, für die die Pille zum Leben gehört wie der Laptop oder das Mobiltelefon. Für diese dritte Pillengeneration ist es unvorstellbar, dass das kleine Dragee noch vor 50 Jahren ihre eigenen Großmütter sexuell befreite und ihnen eine selbstbestimmte Lebensplanung ermöglichte – Errungenschaften, die für die Mädchen heute selbstverständlich sind.

In Westdeutschland kam die erste Antibabypille am 1. Juni 1961 auf den Markt: Der Pharmakonzern Schering brachte *Anovlar* unter die Frauen. 1965 präsentierte der ostdeutsche Pharmakonzern VEB Jenapharm mit *Ovosiston* seine erste Pille und bezeichnete sie, vier Jahre nach ihrem Erscheinen, offiziell als «Wunschkindpille».[1] Die unterschiedlichen Begriffe für die kleine Tablette mit der großen Wirkung resultierten aus den gegensätzlichen Auffassungen der beiden deutschen Staaten zur Rolle der Frau in der Gesellschaft. Während die Einführung der Antibabypille im Westen heftige Diskussionen auslöste, weil die damalige Gesellschaft die Frau nur in der Rolle als Hausfrau und Mutter sehen wollte, wurde in Ostdeutschland die Wunschkindpille als eine Möglichkeit für Frauen präsentiert, ihren Beruf, ihre Mutterschaft und die Familie selbst zu planen. Da der Staat sie als Arbeitskräfte benötigte, sollten berufliche Verpflichtungen und Familienleben in Einklang miteinander stehen. Kinder waren erwünscht und sollten unter sozialistischen Moralvorstellungen großgezogen werden – aber zum richtigen Zeitpunkt.

Im Jahr 1964 wurden in Westdeutschland 1,4 Millionen Säuglinge geboren. Nach diesem sogenannten Baby-Boom nahmen die Geburtszahlen in beiden Teilen Deutschlands ab. Während sich in der BRD ein rasanter Rückgang abzeichnete, fiel er im Osten nur leicht aus und pendelte sich in den 1980er Jahren auf einem gleichbleibenden Niveau ein.[2] Der Grund dafür war ein umfangreiches Unterstützungsprogramm, von Wohnungsangeboten bis Kinderbetreuung, das der SED-Staat zur Verfügung stellte. Während es für unverheiratete Frauen in der Bundesrepublik bis in die 1970er Jahre hinein so gut wie unmöglich war, die Pille zu erhalten, gab es in der DDR diesbezüglich keine Hürden: 1970 konsumierten bereits 16-Jährige ohne Einwilligung der Eltern das kleine Dragee, und nur zwei Jahre später war das Medikament für alle Mädchen und Frauen kostenlos.

Im Westen Deutschlands lieferten sich Gegner und Befürworter der Pille über ein Jahrzehnt hinweg einen erbitterten Streit: Die einen befürchteten den Verfall der Sitten, die anderen feierten das sorglose Ausleben ihrer Sexualität. Im Osten Deutschlands dagegen wurden moralische Bedenken hinsichtlich drohender Promiskuität schon kurz nach Einführung der Pille immer seltener. Schnell fand die Pille in der DDR eine hohe Akzeptanz und wurde zum Verhütungsmittel Nummer eins. Bereits den Frauen der zweiten Pillengeneration, die zwischen 1965 und 1980 geboren wurden, erschien die Diskussion über die Gefahren der zügellosen Lust überkommen. Und für deren Töchter, die nach 1980 zur Welt kamen und die dritte Pillengeneration darstellen, ist die Einnahme der Pille im Alter von 16 Jahren schon so normal geworden, dass ein Mädchen, das den Hormoncocktail ablehnt, zur Exotin wird.

Trugen die ersten Präparate noch Namen, die ein medizinisches Produkt erkennen ließen, kam in Westdeutschland 1978 die erste Pille mit einem Mädchennamen auf den Markt: *Diane.* Dahinter steckte eine Pillensorte, die mehr konnte, als zu verhüten, nämlich Frauen, die unter Akne litten, von dieser Last zu befreien. Dieser Effekt trug enorm zur Lebensqualität der Betroffenen bei, da das neue Pillenpräparat neben dem Aspekt der Verhütung nun auch, dank sichtbarer Verbesserung der Haut, in der Lage war, seelische Verletzungen zu verhindern und das Selbstbewusstsein zu steigern. Mittlerweile gibt es zahlreiche Pillensorten, die neben sicherer Verhütung auch schönere Haut und glänzenderes Haar versprechen. Pillen mit dem Gestagen Drospirenon sollen sogar gleich zwei Wunder auf einmal bewirken: die Pfunde purzeln lassen und angeblich auch luststeigernd wirken – ein Traum für viele Mädchen und Frauen.

Stand kurz nach der Markteinführung der Pille ihre sichere Verhütung, die viele unangenehme Begleiterscheinungen mit sich brachte, im Zentrum, sind einige positive Nebenwirkungen heute erwünscht. Dies verwundert kaum, wenn man bedenkt, dass längst ein zweiter Gesundheitsmarkt existiert, der sich nicht an kranke, sondern vorwiegend an gesunde Menschen richtet und in erster Linie eine

Verbesserung der Lebensqualität in Aussicht stellt. Der durch die moderne Pharmaindustrie geprägte Mensch hat viele Möglichkeiten, sich selbst zu optimieren. Er kann beispielsweise mit verschiedensten Medikamenten sein Gehirn «dopen», um leistungsfähiger zu werden, oder mithilfe der Anti-Aging-Medizin seine Jugendlichkeit noch lange bewahren.

Heute gibt es mehr als 50 Sorten der Antibabypille, und die Pharmaindustrie spricht bereits von der dritten und vierten Pillengeneration. Viele dieser neuen Präparate bergen zwar ein höheres Thromboserisiko, werden aber dennoch häufiger verschrieben als die der zweiten Generation. Für die Pharmaindustrie stellen gerade sie ein lukratives Geschäft dar, da diese Produkte noch unter Patentschutz stehen und somit doppelt, manche sogar dreimal so teuer sind wie die älteren Präparate.

Im Jahr 2010 konsumierten 87 Prozent der 14- bis 17-jährigen Mädchen die Pille.[3] Viele von ihnen aber denken dabei noch gar nicht an Verhütung, sondern sehen in der Pille ein Wundermittel, das den eigenen Körper zu formen vermag. So gab 2008 jedes zehnte Mädchen als Verschreibungsgrund unreine Haut, Menstruationsbeschwerden oder einen unregelmäßigen Zyklus an.[4] Längst wurden die jugendlichen Mädchen von der Pharmaindustrie als neue Zielgruppe entdeckt, und so mancher Konzern bietet die Pille in einem süßen Schmuckkästchen an: Als «Pille mit Herz» werden die kleinen Dragees mit rosa Schlüsselanhängern und Schminktäschchen überreicht.[5]

Das Medikament hinter der schönen Verpackung ist nur schwer zu erkennen. Doch spätestens der Beipackzettel erinnert daran, dass es sich um ein Arzneimittel mit Nebenwirkungen und Risiken handelt. Und die Liste dieser unerwünschten Begleiterscheinungen ist lang geworden, denn kaum ein Medikament kann sich so intensiv untersucht wähnen und mit so vielen Forschungsergebnissen aufwarten wie die Antibabypille. Ihre Verträglichkeit hat sich somit im Laufe der Jahre immens verbessert. War sie in ihren Anfängen noch eine regelrechte «Hormonkeule», so ist sie heute längst sehr viel geringer dosiert. Viele Nebenwirkungen konnten dadurch verringert, manche sogar vollständig beseitigt werden. Doch das Risiko, an einer Thrombose zu erkranken, ist ein Problem geblieben und hält die Öffentlichkeit in Atem, sobald wieder ein Fall publik wird.

Dieses Buch beschreibt drei Frauengenerationen im Wandel sexueller Aufklärung und weiblicher Sexualität sowie ihren Umgang mit der Antibabypille. Als das Hormonpräparat 1961 in Deutschland eingeführt wurde, schenkte es den Frauen Zugang zu einer ebenso einfachen wie sicheren Verhütungsmethode und ermöglicht seitdem das Ausleben der Sexualität ohne Angst, dass eine ungewollte Schwangerschaft die Lebensplanung verändert – eine Qualität, die die Emanzipation der Frau wesentlich vorangetrieben hat. Ich sprach zwischen 2010 und 2015 mit 267 Frauen und 52 Männern aus drei Generationen über die Bedeutung der Pille in ihrem Leben. Ihre Berichte gaben mir einen Einblick, wie sich Liebe, Partnerschaft, Sexualität und Lebensplanung in den letzten fünf Jahrzehnten verändert haben. Außerdem führte ich 2010 die ersten Gespräche mit 196 Mädchen und 20 Jungen zwischen 13 und 18 Jahren. Die Interviews dienten als Recherchegrundlage für eine Dokumentation, die im April 2012 auf *Arte* ausgestrahlt wurde und die Mädchen in ihrem Alltag mit der Pille begleitete.[6] Bei manchen von ihnen erfüllte das kleine Dragee bereits seinen verhütenden Zweck, doch den meisten diente es in erster Linie dazu, ihr Aussehen zu verbessern und somit die Lebensqualität zu steigern. Einem Mädchen war in den ersten Monaten ihrer Pilleneinnahme nicht einmal bewusst, dass die Pille auch verhüten kann.

Die Pille – vom Verhütungsmittel zur Lifestyle-Droge? Bereits in den 1970er Jahren berichteten Gynäkologen über die verschönernden Nebenwirkungen der Antibabypille,[7] und in den 1980er Jahren nahmen Mädchen die *Diane*, weil sie sich einen schöneren Teint wünschten. Während die Frauen der ersten Pillengeneration alles dafür taten, um aus traditionellen Normen auszubrechen, geriet die sexuelle Befreiung schon früh in die Zwänge der Marktlogik: Sex – und ebenso weibliche Sexualität – wurden kommerzialisiert. Heute reichen die Märkte so weit in unser Privatleben hinein, dass auch wir selbst und unser Körper zur Ware geworden sind: Im täglichen Wettbewerb um Karrierevorteile sind Attraktivität und Schönheit ein Vorteil. Und so ist auch die Pille zum Konsumgut geworden und muss sich marktwirtschaftlichen Regeln wie Effizienz, Nützlichkeit, Verwertbarkeit und Rentabilität unterordnen. Mit ihren verschönernden Nebenwirkungen lockt sie besonders junge Frauen und liegt im Trend der Zeit, in der das richtige Styling, eine gute Figur und ein strahlender Teint Erfolg versprechen. Der respektvolle, selbstbestimmte Umgang mit sich und dem eigenen Körper ging dabei verloren. Einst half die Pille den Frauen, sich sexuell zu befreien und ein unabhängiges Leben zu führen, doch heute dient sie längst nicht mehr als Mittel der Befreiung von gesellschaftlichen Zwängen, sondern trägt – im Gegenteil – dazu bei, Frauen und vor allem junge Mädchen noch stärker in gängige Klischees zu pressen.

2. Das Symbol sexueller Befreiung (1960er und 1970er Jahre)

Moral versus Lust – die Einführung der Antibabypille in Westdeutschland

Als die Antibabypille am 1. Juni 1961 in die westdeutschen Apotheken kam, erfolgte ihr Einzug still und ohne großes Aufsehen zu erregen. Weder die Presse begleitete das historische Ereignis auf Schritt und Tritt noch setzte sich der Pharmakonzern dafür ein, das neue Mittel bekannt zu machen. Schering hatte zwar ausgewählte Fachärzte über das Erscheinen des Medikaments informiert, stellte dabei aber die Linderung von Menstruationsbeschwerden in den Vordergrund. Die verhütende Wirkung stand erst am Ende des Beipackzettels, klein gedruckt und leicht zu übersehen.[1]

Die Pille von der ersten Sekunde als Kontrazeptivum anzupreisen, schien unmöglich, zu streng waren die gesellschaftlichen Vorstellungen von Anstand und Sitte. Selbst für westdeutsche Wissenschaftler blieb die Entwicklung der Antibabypille bis in die 1960er Jahre hinein heikel, weil sie die explosiven Themen Sexualität und Moral betraf und an den gesellschaftlichen Vorstellungen rührte, die den Frauen nicht viel mehr als Kinder, Küche und Kirche erlaubten.[2] Geschlechtsverkehr als Lusterfüllung galt offiziell als Laster und die Verhinderung einer Schwangerschaft als Teufelswerk. Daher wurde die erste Pille namens *Anovlar* 1961 nur von ausgewählten Ärzten verschrieben und ausschließlich verheirateten Frauen mit mehr als zwei Kindern verordnet.[3] So ist es kein Wunder, dass die Pille zunächst nur verhalten angenommen wurde: Zum einen hatten die wenigsten von ihr gehört, zum anderen haftete ihr etwas Anrüchiges an. Die Mehrheit in der Gesellschaft teilte das stillschweigende Abkommen, Sex nur heimlich, hinter verschlossenen Türen zu praktizieren und außerhalb des ehelichen Rahmens nicht darüber zu sprechen. Die Pille schien gefährlich – ein unmoralisches Angebot, sich zügellos der Lust hinzugeben.

Die gängige, aber unsichere Methode in den 1950er und 1960er Jahren, eine Schwangerschaft zu verhindern, war der unterbrochene Geschlechtsverkehr (Coitus interruptus). Viele Frauen verhüteten auch nach der Knaus-Ogino-Methode, bei der die fruchtbaren und unfruchtbaren Tage berechnet werden. Das Kondom fand ebenfalls Verwendung, aber nur für den, der es ergattern konnte. Seit 1959 gab es keine Kondomautomaten mehr, denn der Bundesgerichtshof hatte sie nach vielen Diskussionen in den 1950er Jahren schließlich mit der Begründung verboten, sie provozierten die Ausübung von Geschlechtsverkehr. Alles Geschlechtliche verlöre seine Scham und Peinlichkeit, wenn es ständig und überall ersichtlich und zugänglich sei. Zwar konnte man Kondome auch weiterhin in Apotheken und Drogerien kaufen, setzte sich damit aber einer äußerst peinlichen Situation aus.[4] Eine von mir befragte Zeitzeugin erinnert sich: «Ich bin mit meinem Verlobten 1961 in die Apotheke gegangen, weil wir Kondome kaufen wollten. Für eine Frau war es undenkbar, nach Präservativen zu fragen. Das gehörte sich einfach nicht. Und auch meinem Verlobten war das äußerst unangenehm. Er flüsterte dem Apotheker verlegen zu, was er wollte. Der wurde knallrot, drehte sich um und steckte die Kondome blitzschnell in die Tüte, damit keiner sie sah.» (Margot W., Jahrgang 1937,

Interview am 12.5.2012) Andere Verhütungsalternativen wie Diaphragmen, Pessare oder Muttermundkappen gab es nur in wenigen, sehr fortschrittlichen Arztpraxen.[5]

Als die Antibabypille 1961 auf dem westdeutschen Markt erschien, lag die Verbannung von Kondomautomaten also erst zwei Jahre zurück. Karin L.,[6] eine Zeitzeugin, die schon mit 17 Jahren Mutter geworden war, erhielt als eine der ersten Frauen die Pille. Zu diesem Zeitpunkt war sie 22 Jahre alt, verheiratet und hatte bereits drei Kinder. «Der Arzt wurde ganz rot, als er mir die Pille vorschlug. Mir war das Ganze unheimlich, trotzdem schluckte ich sie Tag für Tag. Zum einen war ich dankbar, denn ich wollte kein viertes, fünftes, sechstes Kind, zum anderen bangte ich Monat für Monat, ob sie auch wirklich wirkte. Fragen konnte ich niemanden, denn darüber sprach man nicht. Außerdem war ich jahrelang die einzige unter meinen Freundinnen, die die Pille nahm, geschweige denn überhaupt kannte.» (Karin L., Jahrgang 1939, Interview am 5.8. 2014)

Das Erscheinen der Pille nahm damals nur eine einzige Zeitschrift wahr. Am 26. Juni 1961, also gute drei Wochen nach ihrer Markteinführung, lüftete *Der Stern* ihr Geheimnis und outete sie als Verhütungsmittel. Schering war die frühe Enthüllung unangenehm. Der Konzern hatte von der Veröffentlichung des Artikels vorab nichts gewusst. Sicher war man stolz auf seine Errungenschaft, doch keiner glaubte zu dem Zeitpunkt daran, dass die Pille ein Verkaufsschlager werden könnte. Dazu war die Gesellschaft zu bieder, und die Themen Geburtenregelung und Sexualität waren von einem tief greifenden Tabu umgeben.[7] Fünf Monate nachdem *Der Stern* zum ersten Mal über die Pille berichtet hatte, informierte auch die Frauenzeitschrift *Constanze* ihre Leserinnen über die Wirkung des neuen

Mittels. In einem Interview erzählte eine englische Ärztin, wie liberal in ihrem Land mit der Pille umgegangen wurde: «Wir verschreiben auch unverheirateten Frauen diese Pillen. Wir sind keine moralischen Hüter alter Traditionen, die sich vielfach überlebt haben. Wenn zu uns ein Mädchen kommt, das aus irgendwelchen Gründen nicht heiraten kann, dürfen wir ihr die Tabletten in gewissen Fällen verschreiben.»[8] Das war eine Praxis, die in Westdeutschland zu diesem Zeitpunkt noch undenkbar war. Die Pille galt als «heißes Eisen», und kaum eine andere Zeitung informierte ihre Leser über das bahnbrechende Medikament, noch zeigte die Bevölkerung ein großes Interesse. Drei Jahre nach Markteinführung zählte man erst 2000, überwiegend verheiratete Frauen, die die Pille nahmen.[9]

Trotz der verhaltenen Rezeption erhielt *Anovlar* bald Konkurrenz: Die Firma Organon brachte 1962 das zweite Pillenpräparat auf den westdeutschen Markt und gab damit den Startschuss für den bis heute andauernden Wettbewerb. 1964 konnte man bereits zwischen sechs verschiedenen Sorten wählen, obwohl die Zahl der Pillennutzerinnen noch immer sehr gering war. Sicher setzte die Pharmaindustrie ihre Hoffnungen auf eine ähnliche Entwicklung wie in den USA: Dort wurde die erste Antibabypille *Enovid* 1960 eingeführt und schnell zu einem Verkaufsschlager. Ein Jahr nach ihrer Einführung nahmen über eine Million amerikanischer Frauen das Medikament, 1963 stieg die Zahl auf über zwei Millionen an und lag 1965 bei fast vier Millionen.[10]

Doch auch wenn sich die westdeutsche Gesellschaft offiziell noch prüde zeigte, gab es schon früh Hinweise auf das Bedürfnis nach sexueller Befreiung, die den späteren Erfolg der Pille vorausahnen ließen – die sexuelle Revolution kam also keineswegs über Nacht. Beate Uhse zum Beispiel eröffnete 1962 in Flensburg den ersten Sexshop der Welt unter dem Namen «Fachgeschäft für Ehehygiene». In den nächsten Jahren folgten weitere Filialen in anderen Städten. Und die Jugendzeitschrift *Bravo* veröffentlichte 1962 erstmals ihre Aufklärungsseiten, auch wenn diese zunächst noch harmlos daherkamen und in den Rubriken «Knigge für Verliebte» und «Liebe ohne Geheimnisse» Beziehungsratschläge gaben. Auch eine erste Populärversion des Kinsey-Reports (*Das sexuelle Verhalten des Mannes*[11]) verkaufte sich bereits in den 1950er Jahren in der Bundesrepublik außergewöhnlich gut.[12] Die – durchaus neuartige – Botschaft des amerikanischen Zoologen und Biologen Alfred Charles Kinsey bestand darin, dass das Wesen der männlichen Sexualität nicht in der Zeugung, sondern in der Erotik und Liebeskunst liege. Seine Fortsetzung über *Das sexuelle Verhalten der Frau,*[13] ebenfalls in den 1950er Jahren erschienen, löste damals in konservativen Kreisen allerdings noch einen Skandal aus: Der weiblichen Sexualität wurde plötzlich eine Eigenständigkeit zugesprochen, die, losgelöst von der Fortpflanzung, dem reinen Lustgewinn dienen konnte. Diese skandalträchtigen Veröffentlichungen stießen dennoch auf ein breites Interesse und befreiten die Sexualität bereits vor der Einführung der Pille – wenn es sich auch zunächst nur um die geistige Vorarbeit handelte.

42 westdeutsche Zeitzeuginnen der ersten Pillengeneration haben mir im persönlichen Gespräch in den vergangenen fünf Jahren ihre Erfahrungen mit Liebe, Sexualität und Aufklärung vor und nach Einführung der Pille geschildert. Die Frauen wurden zwischen 1935 und 1955 geboren und erlebten ihre Pubertät in den 1950er und 1960er Jahren. Aufgeklärt wurden die wenigsten von ihnen, da ihre Eltern Gespräche über Liebe, Sexualität und körperliche

Reifeprozesse vermieden. Wenn es zu Erklärungsversuchen kam, so wirkten diese unbeholfen und einstudiert. Meistens blieb es bei einer einmaligen Unterredung, denn Sexualität war kein Thema, über das man offen sprach. In so manchem Haushalt aber versteckte sich eine erotische Schrift. Viele der befragten Frauen entdeckten als junge Mädchen diese gut gehüteten Schätze und sammelten daraus heimlich die Informationen, die ihnen von ihren Eltern vorenthalten wurden: «Im Wohnzimmer meiner Freundinnen stand meistens ein Medizinbuch, das von uns nicht angefasst werden durfte. Teilweise versteckten die Eltern es auch. Wir suchten schon mit zwölf Jahren nach diesen Büchern, weil sie voller interessanter Aktzeichnungen waren. Wir studierten sie kichernd und lernten viel dabei.» (Maria V., Jahrgang 1939, Interview am 5.9.2014) Das angelesene Wissen blieb jedoch voller Lücken.

Heide H. kam 1944 in einer niedersächsischen Kleinstadt zur Welt. Ihr Vater war Akademiker, ihre Mutter Hausfrau und arbeitete gelegentlich als Lektorin bei einer kleinen Tageszeitung. Heides Freundschaften zu Jungen wurden streng überwacht, und sexuelle Aufklärung fand in ihrem Elternhaus nicht statt. «Als ich 16 war, nahm mich mein Vater nur ein einziges Mal zur Seite und warnte vor den Jungs. Er blickte mich durchdringend an und drohte mit donnernder Stimme: Wehe, du kommst mir mit einem Kind nach Haus!» (Heide H., Jahrgang 1944, Interview am 4.4.2014)

Dabei hatten sich die Bürgerinnen und Bürger ein gutes Jahrzehnt zuvor gar nicht so prüde gezeigt. Der von mir befragte Zeitzeuge Siegfried Akkermann, Professor für Sozialhygiene, erinnert sich an das Lebensgefühl von damals, das in Ost- und Westdeutschland von großen Teilen der Bevölkerung ähnlich empfunden wurde: «Das Leben war recht wild geworden, als die Bomben immer mehr Menschen hingerafft hatten und an der Front mehr und mehr gestorben waren. Da war in weiten Bevölkerungskreisen so eine Ideologie hochgekommen: Nach uns die Sintflut, nun genießen wir das Leben, solange wir es noch genießen können. Der Partnerwechsel war, überspitzt gesprochen, unter den Todgeweihten dann fast die Regel geworden. Es war sehr, sehr lax geworden, denn man wusste nun wirklich nicht, wie lange man sich noch des Lebens auf dieser Erde erfreuen konnte. Der Tod war ja allgegenwärtig. Und als der Krieg vorbei war, gab es bei diesem Teil der etwas reiferen Jugend in den Belangen überhaupt wenig Halt, und da scherte man sich weder um die Kirche noch um die Politik. Das war so, wie ich die Zeit in den 1940ern und auch in den 1950ern erlebt habe.» (Prof. Dr. Siegfried Akkermann, Jahrgang 1935, Interview am 5.12.2014)

Nach dem Krieg lag alles in Trümmern, unzählige Familien waren zerrissen, und es herrschte Angst vor Armut und Vernichtung. Hinzu kam die Ungewissheit in Bezug auf die eigene Zukunft. Männer kamen traumatisiert aus dem Krieg zurück und konnten sich nicht mehr in ihren Alltag einfinden. Manche westdeutschen Frauen hatten sexuelle Beziehungen mit Besatzungssoldaten, weil sie sich aus der Not heraus prostituieren mussten, andere suchten lediglich ihr erotisches Vergnügen.[14] In einer Umfrage von 1949 äußerten 71 Prozent der Westdeutschen ihre Zustimmung zu Geschlechtsverkehr vor der Ehe, und die Mehrheit der Männer und Frauen gab unbefangen zu, diesen regelmäßig ohne Trauschein zu praktizieren.[15] Die westdeutsche Bevölkerung hatte täglich neuen Zugang zu Dingen, die ihr Leben erotisch machten. An Kiosken weckten Heftchen die Sinnenfreuden, und die Läden in Bahnhofs-

nähe schmückten sich mit Covern spärlich bekleideter
Frauen. Der Verkauf florierte prächtig: Etwa 140 Verleger
«schlüpfriger» Literatur konnten sich Ende der 1940er
Jahre eine goldene Nase verdienen.[16] Beate Uhse eröffnete
schon in den Nachkriegsjahren ihren Versandhandel und
bot Verhütungsmittel, laszive Fotos oder Literatur der
«Fleischeslust» an. Per Post kam die delikate Fracht diskret
ins Haus, und ihre Kundschaft wuchs stetig an. Frauenzeitschriften schrieben bis 1950 vollkommen ungeniert über
Verhütungsmittel und berichteten über die Notwendigkeit,
sich bei häufigen Partnerwechseln vor Infektionen zu
schützen.[17]

Den Kirchen war die freizügige Einstellung der Bevölkerung allerdings ein Dorn im Auge: Der ungezwungene
Umgang mit sexuellen Kontakten und Verhütungsmitteln
brachte sie auf die Barrikaden. Sie beklagten den Bedeu-
tungsverlust der Ehe und vermissten die christliche Erziehung. Ihre moralischen Vorstellungen bezüglich Sexualität
setzten sich immer mehr durch. So bildeten sich Gruppen
aus christlich-konservativen Kreisen, die gegen eine Sexualisierung der Öffentlichkeit wetterten. Sie votierten immer
heftiger für eine konservative Wende und verlangten nach
einer gesellschaftlichen Ordnung, rigider und lustfeind-
licher Ausrichtung: Sexualität sollte nur noch in Form des
ehelichen Geschlechtsverkehrs ausgelebt werden. Unermüdlich strichen die selbsternannten Kämpfer für Anstand
und Sitte umher, um schamloses Verhalten zu ahnden.
Doch vielen Bürgern war das noch nicht genug, und sie
forderten ein Gesetz gegen «Schmutz und Schund», das die
Nation vor jugendgefährdenden Schriften retten sollte.
Über Jahre standen Zeitschriften des Anstoßes auf der
Tagesordnung parlamentarischer Sitzungen, bis am 9. Juni
1953 schließlich ein Gesetz über die Verbreitung jugendge-

fährdender Schriften in Kraft trat, das die Sexualität aus der Öffentlichkeit verbannen sollte. [18]

Das Allensbacher Institut für Demoskopie spürte in Umfragen von 1950 und 1955 eine zwiegespaltene Bevölkerung auf: Denn trotz der lautstarken Forderungen eines Teils der Bevölkerung nach einem Gesetz gegen «Schmutz und Schund» hielt über die Hälfte der Befragten ein solches für überflüssig und zeigte großes Unverständnis für die nicht enden wollende Aufregung im Land. [19] Das Privatleben vieler dieser Bürger folgte ohnehin seiner eigenen Ordnung – so zählte in einer Zeit, in der die Pharmaindustrie aus moralischen Gründen damit haderte, die Pille als Verhütungsmittel anzupreisen, das Beate-Uhse-Imperium bereits 1,4 Millionen Kunden. [20]

Auch die Zahl vorehelicher sexueller Kontakte war relativ hoch, und viele Frauen wurden ungewollt schwanger. Schätzungen zufolge sollen in den 1950er Jahren 1,2 Millionen Frauen jährlich abgetrieben haben. [21] 1954 zählten die Krankenkassen 10000 Fälle, bei denen Frauen an den Folgen eines Schwangerschaftsabbruchs starben. [22] Trotz dieser Zahlen teilten die meisten Ärzte jedoch die vorherrschende Sexualmoral und lehnten jede Form der Empfängnisverhütung ab. [23] Das Resultat davon war, dass in den 1950er Jahren 10 Prozent der Kinder unehelich zur Welt kamen. [24] Um einer gesellschaftlichen Ächtung zu entgehen, gingen viele Paare eine «Muss-Ehe» ein und heirateten, sobald die Frau schwanger geworden oder kurz nachdem das Neugeborene auf die Welt gekommen war. Man schätzte die Anzahl der Frauen, die aus diesem Grund heiratete, Mitte der 1950er Jahre auf zwischen 25 und 75 Prozent. [25] Das spricht weder für sexuelle Enthaltsamkeit noch für eine gute Aufklärung. Eine Untersuchung von 1954 belegt die Unwissenheit von Jugendlichen: Nur wenige der 18-jährigen

Mädchen und Jungen konnten die Frage richtig beantworten, auf welchem Wege eine Frau schwanger wird. Über 90 Prozent der 17-jährigen Jungen wussten zwar, was Verhütungsmittel sind, 52 Prozent der Mädchen aber konnten kein einziges nennen.[26]

Maria V. stammte aus einem streng katholischen Elternhaus und spielte als kleines Mädchen am liebsten mit Jungen Räuber und Gendarm. Als der Vater ihr mit zehn Jahren nur noch Mädchenfreundschaften erlaubte, fügte sie sich widerstandslos. Abrupt endeten ihre harmlosen Abenteuer, ohne dass sie den Grund dafür kannte. Ihre Eltern sprachen mit ihr nicht über die beginnende Pubertät und erste Liebe. «Meinen Eltern fehlten die Worte, wenn es um Aufklärung ging. Sie stellten sich so umständlich und lächerlich an, dass ich das Gefühl nicht loswurde, alles, was mit dem Körper zu tun hat, wäre ekelhaft und unrein.» Auch die Menstruation erklärte ihr niemand. Maria erinnert sich nur an eine einzige Frage, die ihre Mutter ihr diesbezüglich stellte: «Sie wollte wissen, ob ich mich schon einmal unwohl gefühlt hätte. Ich war elf und bestürzt. Stimmte etwas nicht mit mir? War ich krank? Jeden Tag stellte ich mich vor den Spiegel und versuchte Hinweise zu finden, ob ich blasser geworden war. Irgendwann stand ich dann in meinem eigenen Blutbad. Dass es die erste Blutung war, erfuhr ich erst von meinen Freundinnen. Und dass meine Mutter mit ihrer unglücklichen Frage versucht hatte zu erfahren, ob ich schon meine Tage habe, wurde mir erst als Erwachsene klar.» (Maria V., Jahrgang 1939, Interview am 5.9.2014)

Der gesellschaftlich propagierte Anstand wurde im Alltag immer wieder untergraben: Sexuelle Begierden waren durchaus vorstellbar und wurden teilweise auch ausgelebt. 1962 äußerten sich zwar noch 36 Prozent der 16- bis 24-jährigen Mädchen und Jungen ablehnend gegenüber vorehelichen sexuellen Erfahrungen, doch 30 Prozent waren bereits dafür, und 22 Prozent antworteten: «Es kommt darauf an.»[27] Karin L., eine der von mir befragten Frauen aus dieser Generation, war 1958 im Alter von 17 Jahren schwanger geworden. Zu diesem Zeitpunkt besuchte das Mädchen die höhere Schule und wollte eigentlich mit dem Abitur abschließen. Ihre Informationen über Sexualität hatte sie damals heimlich aus den Büchern ihrer Eltern zusammengeklaubt. Ein angelesenes Wissen voller Lücken: Karin L. bemerkte ihre Schwangerschaft erst im fünften Monat. «Ich war kein Kind von Traurigkeit. Der Vater des Kindes war nicht mein Erster. Sex haben wir immer unterbrochen. Keine sichere Methode, ich wurde schwanger. Der Vater wurde mein erster Mann, schließlich mussten wir heiraten.» (Karin L., Jahrgang 1939, Interview am 5.8.2014)

Die meisten Frauen hatten bis Mitte der 1960er Jahre vor der Ehe ausschließlich Geschlechtsverkehr mit ihrem zukünftigen Gatten.[28] Auch die ältesten der von mir interviewten Zeitgenossinnen, die zwischen 1934 und 1937 geboren wurden, machten ihre ersten sexuellen Erfahrungen bereits vor der Ehe, blieben dann aber bei dem Mann, mit dem sie ihre ersten erotischen Begierden geteilt hatten: «Mir und meinen Freundinnen war klar, dass wir den, mit dem wir zum ersten Mal geschlafen hatten, auch heiraten würden. Das gehörte sich einfach so.» (Annegret W., Jahrgang 1934, Interview am 1.3.2013)

Alle westdeutschen Zeitzeuginnen beschrieben ihre Kindheit und Jugend als eine an christlichen Moralvorstellungen orientierte Erziehung. So wurden die Jugendlichen in den 1950er Jahren im Zeichen konservativer Werte erzogen und auf eine Ehe im christlichen Sinne vorbereitet – auch wenn ihre Eltern zum Teil noch ein anderes Leben geführt hatten: «Ich habe meinen Vater oft belauscht, wenn er sich mit Freunden über die zwanziger Jahre unterhielt. Damals war er 17, lebte in Berlin und hatte viel Spaß in der Friedrichstraße, auch viel Sex mit anderen Frauen. Es wurden viele Altherrenwitze gerissen, auch über den sexuellen Spaß mit sich selbst. Er war in solchen Momenten völlig frei von Tabus. Aber sobald es mich betraf, war alles verboten. Ich durfte mich selbst niemals berühren. Wenn mein Vater mich beim Lesen von Aufklärungslektüre erwischte, begann er sofort zu schimpfen, ich würde mich wie eine Hure aufführen.» (Annegret W., Jahrgang 1946, Interview am 1.3.2013)

Nach den Wirren der Nachkriegszeit wurde die Familie in den 1950er Jahren zum Garanten für Stabilität. Dank des Marshallplans und der stabilen Situation nach der Währungsreform erholte sich die Wirtschaft langsam, und es setzte ein ökonomischer Aufschwung ein.[29] Der arbeitende Vater und die Mutter als Hausfrau, die Kinder und Ehemann gleichermaßen umsorgt, entsprachen den von der Kirche und der Politik vertretenen Rollenbildern. Der damalige Familienminister Franz-Josef Wuermeling plädierte für die konservative Sexualmoral und Familienpolitik, die das Leitbild der Hausfrauenehe festschrieb. Jede Art von Geburtenkontrolle galt als eine Gefahr für die Familie. Seinen Vorstellungen nach sollten Familien zwei oder mehr Kinder haben. Kinderlose Frauen dagegen verurteilte er, und Frauen, die einer geregelten Arbeit nachgingen, wurde ein schlechtes Gewissen eingeredet:[30] «Meine Mutter hat, als ich geboren wurde, bereits als Lehrerin gearbeitet. Alle Frauen in ihrer Umgebung sahen sie scheel an. Eine behauptete sogar, sie sollte sich mal nicht wundern, wenn mein Vater irgendwann fremdgehen würde, schließlich könnte sich eine berufstätige Frau doch gar nicht hundertprozentig um Mann, Kinder und Haushalt kümmern. Eine Frau, die arbeitete, war entweder eine ewige Jungfer, die arbeiten musste, um zu überleben, oder die ehrgeizige Schlampe, die Kinder, Küche und Mann vernachlässigte. Meine Mutter hat sich immer lustig gemacht über unsere Nachbarinnen, weil die eigentlich nur zwei Lebensfragen beschäftigte: Was ziehe ich an und was koche ich heute.» (Renate H., Jahrgang 1943, Interview am 4.7.2010)

Die offiziell vermittelten Rollenbilder standen jedoch im Widerspruch zu einer Jugendkultur, die auch ganz andere Frauenbilder präsentierte.[31] Die von mir befragten Zeitzeuginnen wuchsen mit aufreizenden Pin-up-Posen in Werbeinseraten und auf Plakaten auf, Filmstars und Models zierten die Zeitschriften, und in der Werbung von Bade- und Strumpfmoden wirkte der weibliche Körper anziehend und erotisch. Überall konnte man Marilyn Monroe als Sexsymbol in lasziver Pose bewundern. Elvis Presley versetzte seine weiblichen Fans mit zuckendem Becken in hysterisches Verzücken und verführte sie zu wilden Tänzen. Die christliche Forderung nach Enthaltsamkeit ließ sich mit diesem Lebensgefühl kaum vereinbaren. «Ich war damals wild, aber vorsichtig. Mal ging ich mit dem einen Jungen, mal mit dem anderen. Wir trafen uns in Milchbars, gingen tanzen oder fuhren mit dem Auto an eine einsame Stelle, knutschten stundenlang. Aber wir gingen nicht bis ans Äußerste, denn die Angst, schwanger zu werden, saß tief. Petting war das höchste der Gefühle. Aber das war auch befriedigend und vollkommen ausreichend.» (Anna W., Jahrgang 1936, Interview am 1.3.2013)

Auch viele westdeutsche Studenten verhielten sich nicht mehr der vorgegebenen Moral entsprechend. In den 1960er Jahren erlebten 20 Prozent der Männer und 10 Prozent der Frauen ihr «erstes Mal» mit 18 Jahren oder noch früher und gerieten dabei keineswegs in einen innerlichen Konflikt. Und auch die Mehrheit der Jugendlichen, die sich selbst noch nicht sexuell betätigte, fand keinen Anstoß an der sexuellen Aktivität ihrer Altersgenossen.[32] Sexuelle Diskretion war zwar noch ein Kennzeichen der Zeit und Hemmungen und rigide Erziehungserfahrungen keineswegs problemlos abzulegen, doch hatte ein Umdenken hin zu mehr Freizügigkeit bereits begonnen. Nur die Umsetzung stieß noch auf Hindernisse. So hing der Kuppeleiparagraf wie ein Damoklesschwert über vielen Liebenden, und Erwachsenen drohte eine Gefängnisstrafe von fünf Jahren, sollten sie der Unzucht Tür und Tor öffnen und in ihrem Haus Geschlechtsverkehr zwischen Minderjährigen zulassen.

Ab 1964, also drei Jahre nach ihrer Markteinführung, sorgte die Pille in Westdeutschland für ständige Schlagzeilen. Den Anstoß dazu gab ein medizinischer Kongress in Karlsruhe, bei dem Professor Dr. Heinz Kirchhoff die Ergebnisse einer Studie über die Nebenwirkungen der Pille vorstellte.[33] Der Direktor der Universitätsfrauenklinik in Göttingen befürwortete das kleine Dragee, sprach sich aber nur für ihre Vergabe an verheiratete Frauen aus. In einem Interview, das er 1964 dem *Spiegel* gab, begründete er seine Bedenken folgendermaßen: «Nun, diese unreifen Menschenkinder nehmen doch das Geschlechtsleben wie eine Alltäglichkeit hin. Da liegt ein Grund, warum ich mich nicht gleich entschließen kann, einem jungen Mädchen zum Wochenende die Packung in die Hand zu drücken. (…) Ich hätte noch ein weiteres ungutes Gefühl, jungen Menschenkindern die Pille zu verordnen. Ich glaube nämlich, sie würden diese Mittel nicht regelmäßig einnehmen – das wäre aber Voraussetzung für ihre Wirkung. Eine verheiratete Frau, die einen geregelten Haushalt führen muss, die nimmt die ein. Aber ein junges Mädchen, das sorglos dahinlebt – jupp, da wird die präzise tägliche Einnahme vergessen.»[34]

Damit begann ein Streitthema, das die westdeutsche Öffentlichkeit bis in die 1970er Jahre hinein beschäftigte. Unermüdlich ging es um die Frage, ob die Pille auch unverheirateten Frauen verschrieben werden dürfe oder nicht. Es verging kaum ein Tag, an dem nicht eine Zeitung oder Zeitschrift über das Thema berichtete und dadurch eine Flut von Leserbriefen auslöste: Mädchen und junge Frauen dürften – so die Meinung der meisten Kritiker – auf keinen Fall die Pille nehmen, weil diese sie enthemme und dazu verleite, sich zu früh mit einem Jungen einzulassen. Die Skeptiker, die unaufhörlich dunkle, sittenlose Zeiten heraufbeschworen, nahmen in der Öffentlichkeit bis Ende der 1960er Jahre einen weit größeren Raum ein als die Befürworter der Pille. Und die von den Kritikern vorgetragene Moral hatte die westdeutsche Gesellschaft fest im Griff: 1965 befürchteten noch 52 Prozent der Männer und 44 Prozent der Frauen, dass die Pille zu einem ausschweifenden Sexualleben führe. Gleichzeitig aber glaubten bereits 88 Prozent der befragten Männer, dass Frauen sich dank der Pille ihrem Partner gegenüber gelöster fühlten. Und 43 Prozent der Frauen lobten die Pille als Segen, weil sie ihnen die Möglichkeit bot, ihre Sexualität auszuleben.[35] Gab man sich nach außen konform mit der verbreiteten Sorge bezüglich Promiskuität, so schien sich privat eine Wandlung zu vollziehen, denn mit der Pille war endlich eine befreite Sexualität möglich, losgelöst von Schwangerschaft und Familiengründung, die – von beiden Geschlechtern – genossen werden konnte.

Dennoch blieben Frauen und Ärzte verunsichert, wie sich die Pille auf den Körper der Frau auswirkte und welche Langzeitfolgen sie mit sich brachte. Erste Thrombosefälle, die schon kurz nach Pilleneinführung bekannt geworden waren, hatten in der Bundesrepublik für Panik gesorgt. Medizinische Studien wurden in Auftrag gegeben, konnten aber nicht die Langzeitfolgen abschätzen. 1970 geriet der Wirkstoff Chlormadinonacetat aufgrund von Tierversuchen in den Verdacht, Brustkrebs zu verursachen. Daraufhin wurde in Westdeutschland der Vertrieb von Pillen mit diesem Wirkstoff kurzfristig eingestellt.[36] Die meisten Nebenwirkungen, die in der alten Bundesrepublik diskutiert wurden, deuteten jedoch auf moralische Vorbehalte. Noch Mitte der 1970er Jahre behauptete beispielsweise der westdeutsche Arzt Dr. Siegfried Ernst, der lustvoll, ausschweifende Genuss der Sexualität zöge den Rückgang der Gehirntätigkeit nach sich.[37] Ungeachtet dessen stieg die Zahl der Pillennutzerinnen weiter an, und viele unverheiratete Frauen bedienten sich einfacher Tricks, um an die Pille zu gelangen: Sie schickten ihre verheiratete Schwester, Freundin oder Bekannte zum Arzt, damit diese sich die Pille verschreiben ließ, um sie anschließend an die unverheiratete Bittstellerin weiterzureichen.

Natürlich gab es schon damals vereinzelt Ärzte, denen die moralische Debatte zuwider war und die keine Unterschiede zwischen Frauen mit und ohne Trauschein machten. An einigen Universitäten engagierte sich der AStA[38] für die Beschaffung der Pille und legte Listen von Frauenärzten aus, die dafür bekannt waren, jeder Frau ein Rezept auszustellen. Die Zeitschrift *konkret* sorgte für eine Flut von Leserbriefen, weil sie dazu aufrief, die Namen verschreibungswilliger Ärzte zu nennen. Der Ansturm rezeptsuchender Frauen auf die Redaktion war aber weit größer als der von Lesern, die entsprechende Adressen mitteilen konnten. Denn die Mehrzahl der Ärzte bezog seit den 1950er Jahren entschieden Position gegen die Empfängnisverhütung, weil sie darin ein Aufweichen der gesellschaftlichen Moral und den langfristigen Verfall in Sittenlosigkeit befürchteten.[39] In den 1960er Jahren kämpften viele von ihnen mit groß angelegten Aktionen wie der *Ulmer Denkschrift* gegen die Massenverbreitung der Pille. Eine Gruppe von 140 Pillengegnern, bestehend aus Ärzten und damals bekannten Professoren, unterzeichnete diese Schrift, mit der sie die Pille verbieten lassen wollte, weil sie die geistig-moralische Gesundheit gefährde und die Gesellschaft zunehmend sexualisiere.[40]

Die Zeiten, in denen Studien die Frau als lustvoll empfindende, die Sexualität genießende Persönlichkeit entdeckten, lagen noch gar nicht lange zurück,[41] doch zeigte die moralische Aufladung der Debatte um die Pille, wie vehement noch immer versucht wurde, die weibliche Lust zu unterdrücken. 1966 war jedem in Westdeutschland die Pille bekannt, doch nicht einmal 5 Prozent der Frauen nahmen sie ein.[42] Die katholische Kirche erlaubte das kleine Dragee nur als Medikament gegen Frauenleiden, nicht aber als Verhütungsmittel. In der von Papst Paul IV. erlassenen Enzyklika «Humanae vitae» von 1968 wurden orale Kontrazeptiva und alle anderen «künstlichen Mittel zur Geburtenregelung» sogar geächtet.

Seit der Einführung der Pille lieferten sich Theologen, Priester und Bürger heftige Auseinandersetzungen. Wie schnell sich aber die Akzeptanz der Pille trotz Ächtung seitens der katholischen Kirche durchsetzte, beweist das Privatleben vieler gläubiger Katholikinnen aus der Zeit. Denn das Verhütungsmittel polarisierte und schuf eine Kluft zwischen den kirchlichen Verboten und der Lebensrealität gläubiger Frauen: So widersetzten sich viele Gläubige den Vorgaben ihrer Kirche und nahmen die Pille trotzdem ein. Maria V. zum Beispiel stammte aus einem Dorf in Bayern.

Ihre Eltern waren streng katholisch, und auch Maria fühlte sich ihrer Kirche tief verbunden. 1968 verließ sie ihr Elternhaus und studierte in Heidelberg Medizin. Sie verliebte sich, ließ sich sehr schnell auf eine intime Beziehung ein und begann damit, die Pille zu nehmen. Das war für sie nur konsequent und trieb sie keineswegs in Gewissenskonflikte: «Meine Eltern waren sehr autoritätsgläubig und nahmen alles, was von den Oberen der katholischen Kirche kam, ernst. Sie lebten danach und forderten das auch von uns Kindern. An diesem Punkt aber verabschiedete ich mich innerlich von meiner Kirche, denn die Sache mit der Verhütung koppelte ich einfach aus. Das war privat, das ging die Kirche nichts an, auch wenn sie etwas anderes predigte. Schuldgefühle hatte ich nur, wenn ich beichten ging, weil ich nicht erwähnte, die Pille zu nehmen. Aber die Gewissensbisse hielten nicht lange an, denn ich wusste, für mein Studium und die Ziele, die ich mir in meinem Leben gesetzt hatte, musste ich das tun.» (Maria V., Jahrgang 1939, Interview am 5.9.2014) Und obwohl der Heilige Stuhl bis heute bei seiner Meinung geblieben ist, ließen sich die Gläubigen nicht beirren: Katholikinnen nutzen die Pille genauso oft wie Frauen anderen Glaubens.[43]

Zwar hatte die weibliche Sexualität bereits mit den Forschungsergebnissen von Alfred Charles Kinsey in den 1950er Jahren eine Aufwertung und Eigenständigkeit erfahren, und zehn Jahre später konnten die Frauen, die in den Besitz der Pille gelangten, ihre Sexualität ohne Angst vor einer ungewollten Schwangerschaft ausleben, doch blieb die sexuelle Hingabe für viele zunächst ein Problem. So berichtete Maria V., die mit Anfang zwanzig ganz bewusst versuchte, sich von der repressiven Erziehung ihres katholischen Elternhauses zu befreien: «Mein erstes Mal hatte ich, kurz nachdem ich ausgezogen war. Es war schrecklich, denn ich brauchte lange, um mein Elternhaus abzulegen und meine lustfeindliche Erziehung aus meinen Gedanken zu verbannen. Auch das zweite und dritte Mal machten noch keinen Spaß. Es blieb gequält und peinlich.» (Maria V., Jahrgang 1939, Interview am 5.9.2014)

Die neuen Erfahrungen mischten sich mit einer starken Anspannung: Wie konnte lustvoll geliebt werden, wenn in den Kinder- und Jugendjahren zuvor ein lustfeindliches Klima jede sexuelle Regung unterdrückt hatte? Die Anrüchigkeit, die der Sexualität anhaftete, wollten viele Frauen nicht nur liebend gern ablegen, teilweise standen sie auch unter Druck, sich davon lösen zu müssen. Die Atmosphäre im Westen schien Ende der 1960er Jahre geradezu sexualisiert: Die Zeitungen berichteten über Sex, viele Studenten diskutierten über dessen befreiende Wirkung, und in den Kinos liefen Aufklärungsfilme – kaum einer konnte sich dieser erotisch aufgeladenen Atmosphäre entziehen. Die sexuelle Revolution als Aufbrechen eines Tabus wurde gleichzeitig auch die Geburtsstunde weiblicher Selbstbehauptung und der Entfaltung ihres Körperbewusstseins. Frauen konnten ihre eigenen Bedürfnisse nun in den Mittelpunkt stellen, ihr Körper, ihre Lust und ihre Sexualität erhielten einen neuen Stellenwert. Aber der Weg, ohne Schuldgefühle mit dieser neuen Freiheit umzugehen, erwies sich für viele als ein steiniger Pfad.

Für die meisten befragten Frauen war ein Befreiungsschlag schwer. Sie berichteten, wie stark sie die Geschichten, die ihnen als Kinder und Jugendliche in den 1950er Jahren erzählt worden waren, verinnerlicht hatten: «Mir wurde als Mädchen mit Gräuelmärchen gedroht, in denen Jungen keusche Mädchen ins Bett gelockt und sie anschließend fallen gelassen hatten. Danach haben sich die Jungen dann vor ihren Freunden als Held gebrüstet, weil sie den jungfräulichen Widerstand des Mädchens gebrochen hatten.» (Gerda M., Jahrgang 1941, Interview am 7.3.2012)

Das gesellschaftlich propagierte Bild der Frauen als Wesen mit geringer Lust war vielen Zeitzeuginnen noch sehr präsent: «Mir wurde immer erzählt, eine Frau sei sexuell passiv, der Mann dagegen sei stürmisch und habe einen spontanen und aggressiven Sexualtrieb. Deshalb müsse ich mich in Acht nehmen. Meine Oma hat auch behauptet, dass es bei der Frau erst einmal keinen Sexualtrieb gebe. Erst der Mann würde ihn wecken. Deshalb solle ich doch bitte auf ‹den Einen› warten und mich schamhaft wehren, sollte jemand schon vor der Ehe Sex von mir verlangen.» (Margot W., Jahrgang 1939, Interview am 17.3.2010) Die erste Liebe aber erlebten alle von mir befragten Frauen ganz anders: Sie hatten ihren ersten Geschlechtsverkehr vor der Ehe mit Männern, die nicht an einem unverbindlichen sexuellen Abenteuer interessiert waren, sondern intensive Beziehungen eingingen. Die Warnungen aus Büchern, von Eltern oder Großeltern schwebten trotzdem wie ein Damoklesschwert über ihnen und hemmten sie noch viele Jahre. «Aber dann fing ich langsam an, mich auszuprobieren. Und als ich das geschafft hatte, bin ich geradezu ausgebrochen und habe alles mitgenommen, was ich nur mitnehmen konnte. Die Stimmung war damals toll, und ich ließ mich einfach anstecken: Die Luft war voller Spannung, weil wir alle gemeinsam sexuelles Neuland betraten und mehr Freizügigkeit wollten, alles beim Namen nennen und ausleben durften. Das war schrecklich aufregend und beflügelte mich, ganz viel auszuprobieren, gleichzeitig aber war es auch so eine Gegenreaktion, meine verspätete Pubertät sozusagen, die Rebellion gegen meine prüden Eltern.» (Maria V., Jahrgang 1939, Interview am 5.9.2014)

1968 schwappte die Welle der sexuellen Liberalisierung durch alle Bevölkerungsschichten. Oswalt Kolle fand mit seinen Aufklärungsfilmen, in denen er gegen die Moralisierung der Sexualität wetterte und für deren befreites Ausleben eintrat, ein Millionenpublikum; Gunther Amendt erreichte viele Jugendliche mit seiner *Sex-Front*,[44] einem Aufklärungsbuch, das den Geschlechtsakt abbildete und genaue Handlungsanweisungen gab, spießige Anstandsregeln aufs Korn nahm und Horrormärchen entlarvte; und in Zeitschriften häuften sich die Artikel über Liebe, Partnerschaft und Sexualität.

Auch in der *Bravo* wehte ab 1969 ein neuer Wind: Sie stellte ihre Aufklärungsseiten in den Mittelpunkt einer jeden Ausgabe, und Martin Goldstein schrieb unter dem berühmten Pseudonym Dr. Jochen Sommer tabulos über alles, was das Thema Sexualität betraf. Dieser offensive Umgang half vielen Menschen dabei, ihre Empfindungen in Worte zu fassen und ein Selbstverständnis dafür zu entwickeln, sexuelles Begehren wahrzunehmen und zuzulassen: «Ich wusste zum Beispiel nie, wie man die Geschlechtsteile von Männern und Frauen bezeichnen soll, was ein Höhepunkt ist und wie man überhaupt zum Orgasmus kommt als Frau. Plötzlich las man alles in Zeitschriften und sprach darüber, als sei es das Normalste der Welt. Das hat mir dabei geholfen, meinen natürlichen Zugang zur Sexualität zu finden, weil ich meine Lust plötzlich formulieren konnte. Das weckte wieder neue Bedürfnisse und Wünsche in mir, die ich dann auch auszudrücken lernte.» (Heide H., Jahrgang 1944, Interview am 4.4.2014)

Einige westdeutsche Zeitschriften hatten sich schon Mitte der 1960er Jahre auf Erotik eingeschossen und druckten Fotos ab, die viel nackte Haut zeigten. Rosa von Praunheim wurde mit seinem Film *Nicht der Homosexuelle ist pervers, sondern die Situation, in der er lebt* zum öffentlichen Wegbereiter der westdeutschen Schwulen- und Lesbenbewegung, Beate Uhse stillte die Lust der Neugierigen, Schaulustigen und Experimentierfreudigen, und Wilhelm Reich wurde zur Offenbarung aller Revolutionswütigen, die eine sexuelle Befreiung herbeisehnten.[45] Endlich sollten die Widersprüche in der Erziehung über Bord geworfen und die Doppelmoral vernichtet werden. Von nun an galt es, sich von rigiden und lustfeindlichen Vorstellungen zu lösen und zu einer gesunden Sexualität zu finden.

Für die rebellierenden Studenten, die 1968 in München, Frankfurt am Main und West-Berlin tobten, war es jedoch ein Unding, Oswalt Kolle und Beate Uhse als Teil ihrer sexuellen Revolution zu begreifen. Für sie war Sexualität politisch und deren Unterdrückung der Grund für alles Übel dieser Welt. Einige Studenten glaubten, dass sich unterdrückte sexuelle Triebe ein Ventil suchen und zu Lust an Gewalt und Unterdrückung führen würden. Die Befreiung der Sexualität sollte ein ganzes System sprengen, die Welt verändern und neue, freie Menschen schaffen. Dabei beriefen sie sich auf die Thesen von Wilhelm Reich, dem zufolge die Sexualität der Schlüssel sei für erfüllte Menschen und eine zufriedene Gesellschaft. Für Reich bedeutete das Ausleben der Sexualität die Befreiung von Unterdrückung und die Entfaltung kreativer Kräfte, in dem Verdrängen der Sexualität hingegen sah er die Ursache aller Grausamkeiten, die Menschen anderen Lebewesen antaten. Sein 1936 erschienenes Buch *Die Sexualität im Kulturkampf* trug in seiner englischen Übersetzung den Titel *The Sexual Revolution* und wurde zum Inbegriff der 68er-Bewegung.

Karin S. bewegte sich vier Jahre lang in radikalen

Studentenkreisen und wechselte ihre Geliebten wie Klei-
dungsstücke. Sie wollte frei sein und sich an niemanden zu
lange binden. «Wir haben Wilhelm Reich gelesen und fanden dort die Rechtfertigung für unser Tun. Sex war plötzlich legitim, und man musste auch nicht gleich vor den
Traualtar stapfen. Denn für Reich war die Ehe spießig,
kleinbürgerlich und lustfeindlich. Wir konnten uns also
vergnügen, viele Partner haben, Sex genießen und ihn haben, wann und mit wem wir wollten. Das war eine Befreiung von unseren Eltern, die uns früher die Lust verboten
hatten, aber auch ein Versprechen für den Frieden. ‹Make
Love Not War› war die Devise.» (Karin S., Jahrgang 1947,
Interview am 4.5.2011)

Die verschiedenen Ausprägungen sexueller Liberalisierung haben eines gemeinsam: Bei allen stand die Sexualität
im Mittelpunkt, und das Glück, das sich durch deren Ausleben einstellen sollte, schien zum Greifen nahe. Doch es
gab auch kritische Stimmen: «Dieses ständige Gerede, was
man mit erfülltem Sex so alles erreichen konnte – kreative
Kräfte freisetzen, Erlösung finden oder gleich die ganze
Welt befreien –, setzte meine Erwartungshaltung ganz,
ganz hoch. Das war auf die Dauer auch anstrengend, weil
die Sexualität damit auf einem verdammt hohen Podest
stand und ziemlich überfrachtet wurde.» (Heinz H., Jahrgang 1943, Interview am 4.4.2014)

Zugleich wurde in Westdeutschland die Sexualität immer stärker kommerziell vermarktet: 1970 fand in Offen-
bach die erste «Sex-Messe» statt, und Pornofilme erreichten
den Markt. Zwar lösten diese Proteste in der Bevölkerung
aus, wurden jedoch 1973 gesetzlich erlaubt. Der westdeutsche Staat legte die Sexualmoral nicht länger fest und versuchte nicht mehr, das Privatleben seiner Bürger zu regle-
mentieren. Vieles, das früher als unzüchtig galt, wurde nun

nicht mehr verurteilt. Am Ende des Prozesses der Liberalisierung stand für weite Teile der Bevölkerung die sexuelle Freiheit, und die Sexualität wurde zur Privatsache erklärt.

Sexueller Aufbruch in Ostdeutschland

1961 gab es in der DDR noch keine eigene Pille, doch forschte man bereits an einem adäquaten Präparat. Ostdeutsche Ärzte konnten bei Bedarf die «West-Pille» über die Bezirksapotheken der DDR anfordern und Müttern mit mehr als zwei Kindern sowie jungen Mädchen mit chronischen Unterleibsentzündungen verschreiben.[1] Insbesondere der Sexualwissenschaftler Karl-Heinz Mehlan setzte sich für die geplante Elternschaft ein und forderte die Einführung der Pille auch für die DDR. Damit aber machte er sich sowohl beim SED-Staat als auch in akademischen und kirchlichen Kreisen Ostdeutschlands zunächst viele Feinde. Sein ehemaliger Assistent Siegfried Akkermann, heute emeritierter Professor für Sozialhygiene an der Universität Rostock, erinnert sich an die moralischen Vorbehalte, die bis in die 1960er Jahre hinein auch in der DDR existierten: «Die Bevölkerung hatte in der Nachkriegszeit eine besondere Beziehung zur katholischen und evangelisch-lutherischen Kirche. Sie war direkt nach dem Krieg in der sowjetischen Besatzungszone ein Anker, an dem man sich mental festhalten konnte. Beide Kirchen aber vermittelten auch eine entsprechende Einstellung zur Sexualmoral. Das hieß im guten, christlichen Gebot, sich in Sachen Sex zurückzuhalten. Und die rigide Sexualmoral, die beide Kirchen in den 1950er Jahren predigten, war der Wunschkindpille nicht gerade zuträglich gewesen. Dazu kam der Marxismus sowjetischer Prägung (...) und auch diese Ideologie predigte sexuelle Enthaltsamkeit. Die Partei wurde immer bedeutsamer, und ihre große ideologische Linie deckte sich vollkommen mit ihrem großen ideologischen Gegner, der christlichen Morallehre.»[2]

Karl-Heinz Mehlan befasste sich in erster Linie mit den illegalen Schwangerschaftsabbrüchen in der DDR und ihren Folgen, insbesondere mit den Frauen, die infolge des Eingriffs ums Leben kamen, weil die unsachgemäßen Durchführungen mit einem hohen Infektionsrisiko verbunden waren. Als sich der damalige Professor für Sozialhygiene öffentlich für die Pille zu engagieren begann, musste er zeitweise sogar um seinen Ruf fürchten.[3] Professor Dr. Siegfried Akkermann erinnert sich: «Er (Mehlan) bekam sehr viel Gegenwind von der Kirche und von der Partei und wurde wiederholt zu Parteigremien eingeladen, zur Rede gestellt und beschimpft. Das Ministerium für Staatssicherheit, das damals noch in den Kinderschuhen steckte, begann sich für ihn zu interessieren. Mehlan aber verstummte trotzdem nicht. Er sagte: Liebe Genossen, ich war hier und dort und habe Frauen verbluten sehen, weil sie sich in ihrer Not irgendwelchen Pfuschern hingeben mussten. Er redete auch mit der Kirche und sagte: Liebe Leute der Kirche, die Frauen starben, und da kann man nicht mit der Moral kommen und die Moral durchsetzen. Stattdessen muss man sehen, wie man den Dingen beikommt. Es war eine bedrückende, sehr gefährliche Phase für Karl-Heinz Mehlan, bis die Entwicklung einer eigenen Pille vom Gesundheitsministerium überhaupt akzeptiert wurde.»[4]

Neben moralischen Vorbehalten wie Promiskuität äußerte die politische Führung lange Zeit auch die Befürchtung, das Verhütungsmittel könne zu einem so starken Geburtenrückgang führen, dass dem Staat eine «bevölkerungsbiologische Niederlage»[5] drohe, er geradezu dem

Untergang geweiht sei. «Es war ein schwerer, weitestgehend unter Ausschluss der Öffentlichkeit geführter und vermutlich gerade auch deshalb erfolgreicher Kampf, bis der extrem simplifizierende Charakter solcher Sichtweisen erkannt wurde und ihre scheinlogischen Folgerungen – zumindest in der DDR – nicht mehr die Sicht auf die Lebenswirklichkeiten verstellten.»[6]

Noch 1962 soll es in der DDR bis zu 90 000 Abtreibungen gegeben haben, von denen circa 89 Prozent illegal waren und an deren Folgen jährlich zwischen 80 und 100 Frauen starben.[7] Die Zahl der illegalen Abtreibungen war deshalb so hoch, weil die DDR seit dem 27. September 1950 nur noch medizinische und erbmedizinische Gründe anerkannte, die einen Abbruch erlaubten. Die soziale Indikation war damals mit der Begründung abgeschafft worden, der Arbeiter-und-Bauern-Staat versorge seine Bürger so gut, dass es keine Konflikte in dieser Hinsicht geben könne.[8] Eine von mir befragte Zeitzeugin aus Leipzig erinnert sich an das Jahr 1956: «Ich war, als ich zum ersten Mal schwanger war, erst 18 und bat meinen Arzt um eine Abtreibung. Ich musste vor ein Ärztegremium treten und meine Gründe darlegen. Das war eine schrecklich erniedrigende und unerträgliche Anhörung, bei der sie mir eine gehörige moralische Standpauke verpassten.» (Elvira K., Jahrgang 1937, Interview am 4.11.2010)

Das Gesundheitsministerium erhielt in den 1960er Jahren viele Beschwerden von betroffenen Frauen, die eine Freigabe der Abtreibung forderten.[9] Auch Renate H., die 1963 bereits vierfache Mutter war und dreimal bei ihrem verzweifelten Gesuch, abtreiben zu dürfen, von einem strengen Ärztegremium abgewiesen worden war, machte zwischen 1960 und 1965 gleich mehrere Eingaben,[10] in denen sie immer wieder auf das Selbstbestimmungsrecht der

Frau hinwies: «Eine Gesellschaft, die die Gleichberechtigung zwischen Mann und Frau propagierte – und damit
beweihräucherte sich unsere schöne DDR immer und
ständig –, musste doch einer selbstbestimmten Frau auch
die Entscheidung überlassen, ob sie eine Schwangerschaft
wollte oder nicht.» (Renate H., Jahrgang 1940, Interview
am 14.7.2010)

Tatsächlich gehörten Unabhängigkeit und Selbstständigkeit von Frauen zur Staatsideologie der DDR. Während
in Westdeutschland das Hausfrauen-und-Mutter-Dasein
idealisiert wurde, hielt man die Frauen in Ostdeutschland
schon in den 1950er Jahren dazu an, ein Studium aufzuneh-
men, sich weiterzubilden und einen Beruf auszuüben. Viele
nutzten diese Möglichkeiten und gewannen zunehmend
ökonomische Unabhängigkeit. Diese Frauenförderung war
in der DDR allerdings in erster Linie aufgrund des per-
manenten Arbeitskräftemangels entstanden.[11] Die massen-
hafte Abwanderung vieler DDR-Bürger bis zum Mauer-
bau 1961 hatte zu einem dramatischen Arbeitskräfteverlust
geführt. Dadurch war das Einbeziehen der Frauen in den
Arbeitsprozess unabwendbar geworden, wurde aber als
Errungenschaft der Gleichberechtigung gefeiert und als
Recht jeder Frau auf Arbeit propagiert. Die hohen Zahlen
illegaler Abtreibungen bedrohten nun erneut die Volks-
wirtschaft. Denn viele Frauen erlitten gravierende gesundheitliche Schäden, was zu vermehrten Krankmeldungen
und somit zu gehäuften Arbeitsausfällen führte.[12]

Karl-Heinz Mehlan leitete 1960 in Rostock ein Sym-
posium zur Schwangerschaftsunterbrechung, zu dem auch
internationale Fachleute geladen waren. Als in diesem Rahmen der amerikanische Wissenschaftler Warren O. Nelson
die Antibabypille vorstellte, reagierten die meisten anwesenden ostdeutschen Ärzte mit Vorbehalten, da sie gesund-

heitliche Folgen und Persönlichkeitsveränderungen durch den hormonellen Eingriff befürchteten.[13] Doch waren sich die anwesenden Ärzte einig, dass gerade wegen der hohen Zahl illegaler Abtreibungen gehandelt werden müsse. Hans-Georg Neumann, damals Dozent für Sozialhygiene am Institut von Karl-Heinz Mehlan und später Professor für Sozialmedizin an der Universität Rostock, erinnert sich: «Uns Ärzten war klar, dass der Schwangerschaftsabbruch eine körperliche und psychische Belastung für die Frau darstellt. Deshalb musste eine Alternative angeboten werden, damit die Frau frei entscheiden kann, ob sie schwanger werden will oder nicht. So hat man auch in der DDR nach 1960 angefangen, Kontrazeptiva zu entwickeln. Natürlich hätten wir die Pincus-Pille,[14] die bereits auf dem Markt war, einführen können, aber dann hätten wir Devisen zahlen müssen. Und das war zu teuer. Also hat man versucht, das selber zu machen. Unsere erste Pille ist auf der Basis des international verfügbaren wissenschaftlichen, freien Standards entwickelt worden.»[15]

Zwischen 1961 und 1963 arbeitete der ostdeutsche Pharmakonzern VEB Jenapharm an der Herstellung der ersten «DDR-Pille».[16] Vier Jahre später schuf Karl-Heinz Mehlan den Begriff «Wunschkindpille», um sich von der westdeutschen Bezeichnung «Antibabypille» abzusetzen. Der emeritierte Professor für Sozialmedizin, Hans Georg Neumann, fand beide Begriffe von Anfang an äußerst unglücklich gewählt, «denn nicht alle Frauen, die die Pille (Antibabypille) nehmen, sind gegen ein Kind, und nicht alle Frauen, die die Pille (Wunschkindpille) nehmen, wünschen sich ein Kind.»[17] 1965 wurde sie unter dem Namen *Ovosiston* (Eistopp) auf der Leipziger Frühjahrsmesse vorgestellt und «als ein Produkt der hervorragenden Qualitätsarbeit» mit einer Goldmedaille[18] prämiert.[19] Zunächst

sollte auch die ostdeutsche Pille vorwiegend als Mittel gegen Menstruationsbeschwerden eingesetzt werden. Ihre
verhütende Wirkung blieb – wie in Westdeutschland – offiziell zunächst lediglich eine Begleiterscheinung.[20] 1966 nahmen 12 000 ostdeutsche Frauen die Pille, 1967 waren es bereits 25 000, allerdings blieben die Verordnungen in den
ersten Jahren weit hinter den Erwartungen zurück. In
Rostock, der Stadt, in der ihr großer Befürworter Karl-
Heinz Mehlan wirkte, wurden 70 Prozent der dort verfügbaren Pillen verkauft, in Magdeburg dagegen blieben
90 Prozent der Packungen unberührt.[21]

Renate M., eine von mir befragte Zeitzeugin aus Potsdam, erfuhr erst 1966 von der ostdeutschen Pille: «Ich kann
mich gar nicht daran erinnern, dass die Pille gefeiert wurde.
Dass sie sogar mit einer Goldmedaille geehrt wurde, höre
ich heute von Ihnen zum ersten Mal! Und dass sie ‹Wunschkindpille› hieß, wussten auch nur wenige. Wir sagten ‹Pille› –
wie im Westen –, und auch die Ärzte, die ich kannte, sprachen immer nur von der ‹Pille›.» (Renate M., Jahrgang 1941,
Interview am 15.9.2011) Tatsächlich wurde die Wunschkindpille in der DDR sowohl von der Bevölkerung als auch
von einigen Ärzten zu Beginn kaum wahrgenommen. Viele
Frauen wussten gar nichts von ihrer Existenz, und einige
Gynäkologen fürchteten die Nebenwirkungen: «Mein Arzt
hat mir 1966 sogar von der Pille abgeraten. Er meinte, ich
könnte davon dick werden. Natürlich haben wir viel vom
Westen mitbekommen. Dort gab es die Pille ja schon längst.
Und wenn man den Arzt bei uns fragte, dann hieß es anfangs
noch: Vorsicht, mit Pille verlieren Sie die Lust am Sex. Und
mein Arzt meinte dann auch noch, wer weiß, welche Nebenwirkungen noch so zutage kommen. Die Pille ist ja
gerade erst auf dem Markt. Warten wir lieber erst mal ab.»
(Regina M., Jahrgang 1941, Interview am 15.10.2011)

Der Bekanntheitsgrad der Wunschkindpille wuchs mit der Aufklärung durch Ärzte, die sie befürworteten. Beate R. aus Ost-Berlin hatte Glück mit ihrem Gynäkologen: «Ich bekam die Pille gleich Anfang 1966. Und auch ganz normal, um damit zu verhüten. Mein Arzt war total begeistert von der Tablette. Er drängte sie mir förmlich auf.» (Beate R., Jahrgang 1941, Interview am 25.11.2011) Anna M. dagegen wohnte in Potsdam und hätte ebenfalls gerne mit der Pille verhütet, erhielt von ihrem Gynäkologen jedoch eine Abfuhr: «‹Erst, wenn Sie vier Kinder haben, bekommen Sie von mir die Pille verpasst!› Das war kurz nach ihrem Erscheinen auf dem Markt.» (Anna M., Jahrgang 1941, Interview am 15.9.2011)

Anfang 1967 forderte das Gesundheitsministerium alle Gynäkologen, Journalisten und Sexualwissenschaftler dazu auf, die Pille bekannt zu machen und für mehr Vertrauen in sie zu werben. Nach vielen internen Diskussionen und Anfeindungen, die zeitweise sogar Mehlans Existenz bedroht hatten, wendete sich nun also das Blatt: «Die Partei machte Propaganda für die Pille.»[22] Die Zeitung *Neues Deutschland*, Sprachrohr der SED-Regierung, feierte die Pille als Beitrag zur Befreiung der Frau von der Angst einer unerwünschten Schwangerschaft und bejubelte die Möglichkeit, neben der Natur auch den Körper beherrschen zu können: «Ovosiston ist kein Wundermittel, aber es scheint eine Art medizinischer Beitrag für die Gleichberechtigung der Frau zu sein.»[23] Mädchen unter 16 Jahren blieb die Pille zunächst vorenthalten. Frauen, denen das Mittel aus medizinischen Gründen verschrieben wurde, mussten es nicht bezahlen, doch für diejenigen, die es als Verhütungsmittel nutzten, kostete eine Monatspackung sieben Mark – im Verhältnis zu den Löhnen und Gehältern der DDR war das viel Geld.[24] Um die Verschreibungen anzukurbeln, mischte sich das Gesundheitsministerium ein weiteres Mal ein und rief die Ärzte zu vermehrten Rezeptausgaben und die Mitarbeiter der Ehe- und Sexualberatungsstellen zu mehr Werbung für die Pille auf, und ab dem 1. Juni 1968 kostete eine Pillenpackung nur noch 3,50 Mark.[25]

Wie im Westen blieb die Pille auch im Osten den Kirchen noch jahrelang ein Dorn im Auge. Der Facharzt für Frauenheilkunde, Geburtshilfe und Endokrinologie, Dr. Martin Brandt, der zwischen 1963 und 1965 an der Erprobung der Wunschkindpille beteiligt war, erinnert sich an einen Witz, der damals in der DDR kursierte: «In Eichsfeld, einer katholischen Region in Thüringen, gab es keine Hammer mehr, weil die Mädchen sie aufgekauft hatten, um die Pille zu Pulver zu klopfen. Denn das Pulver hatte der Papst schließlich nicht verboten.»[26] Auch viele Eltern und Großeltern äußerten Bedenken und fürchteten um ihre Enkelkinder. Sie lehnten die Pille aus Angst vor einem wachsenden Gebärboykott ab. Ebenso kritisch sahen einige Ärzte die neue Möglichkeit der Empfängnisverhütung und warnten vor drohender Promiskuität. Der Gynäkologe Wolfgang Bretschneider zum Beispiel ermahnte die Jugendlichen, auf Geschlechtsverkehr zu verzichten, weil dieser ihren seelischen Reifungsprozess frühzeitig beenden könne.[27] Doch weder die Kirchen noch die selbsternannten Sittenhüter hatten einen großen Einfluss auf die öffentliche Meinungsbildung. Der Staat hatte die Pille genehmigt, und die meisten Frauenärzte unterstützten Ende der 1960er Jahre ihre Verbreitung. Laut Professor Akkermann gab es keine sozialen Schranken: «Offiziell galt, dass die Pille so eingesetzt wird, dass mit dem verfügbaren Potenzial medizinisch optimal gearbeitet wird. Da war auch kein moralisches Gehabe in dem Sinne: Du bist noch nicht verheiratet, also halt dich zurück. Diese Sprüche waren vom Staat nicht toleriert.»[28]

Viele Gynäkologen redeten skeptischen Eltern von Anfang an ins Gewissen und argumentierten, dass die Pille grundsätzlich immer besser für ihre Töchter sei als ein möglicher Schwangerschaftsabbruch. Denn die meisten Ärzte in der DDR werteten das empfängnisverhütende Mittel nun als unentbehrliche Maßnahme zur Eindämmung illegaler Abtreibungen und der damit verbundenen Not, die unzählige Frauen nur schwer überlebt hatten.[29] Als 1965 die Pille auf dem ostdeutschen Markt erschien, ließ der Minister für Gesundheitswesen auch eine interne Instruktion an zahlreiche leitende Ärzte verschicken, die den Schwangerschaftsabbruch in den ersten zwölf Wochen um die soziale und ethische Indikation erweiterte. Daraufhin kam es vielerorts zu Protesten ostdeutscher Bischöfe, die die fehlende Ehrfurcht vor dem werdenden Leben beklagten.[30]

Die 41 ostdeutschen Zeitzeuginnen, mit denen ich über ihre Erfahrungen mit Aufklärung, Liebe, Partnerschaft und Sexualität vor und nach Einführung der Wunschkindpille sprach, wurden zwischen 1935 und 1957 geboren und erlebten ihre Pubertät in den 1950er und 1960er Jahren in der DDR. Die Hälfte der befragten Frauen beschrieb ihr Liebesleben zu dieser Zeit zwar als freizügig, aber dennoch als im Verborgenen stattfindend. Denn die Partei gab andere Normen und Regeln vor: Die sozialistische Moral erforderte «saubere und anständige Bürger». Teilweise wurden Verfahren gegen jemanden eingeleitet, der seinen Ehepartner betrogen oder sich «unsauberen sexuellen Verhaltensweisen» hingegeben hatte.[31] Die von mir befragte Zeitzeugin Hanna W. nahm die 1950er und 1960er Jahre als eine verklemmte, spießige Zeit wahr, fand aber trotzdem ihr Vergnügen: «Einmal wurde ich als Student im Wohnheim mit meinem damaligen Freund im Bett erwischt. Wir muss-

ten am nächsten Tag vor das Tribunal treten und uns öffentlich für unser unanständiges Verhalten entschuldigen.»
(Hanna W., Jahrgang 1944, Interview am 1.10.2011)

Offiziell wollte man junge Menschen zu einer sittlich
wertvollen Partnerschaft erziehen,[32] so ist es zu erklären,
dass die Hälfte der von mir befragten ostdeutschen Zeitzeuginnen ihre Erziehung als prüde erlebte. Ihre Eltern
propagierten die «Reinheit» als höchsten Wert, den ein
Mädchen mit in die Ehe bringen sollte. Deshalb blieben
ihre folgsamen Töchter als Jugendliche diesen alten Leit-
bildern zunächst noch verhaftet und hofften darauf, den
«Richtigen» zu treffen. Marlene W. wuchs in Sachsen-
Anhalt auf. Ihr Vater war Bäckermeister, ihre Mutter Krankenschwester. Bei ihrer Tochter tolerierten die Eltern keine
sexuellen Kontakte vor der Ehe, obwohl sie selbst damals
heiraten mussten, weil das erste Kind bereits unterwegs
war. «Ich kannte viele, die so dachten und ihren Töchtern
predigten, doch bitte als Jungfrau in die Ehe zu gehen. Das
setzte ein Mann nun mal voraus, schließlich gehörte die
Eroberung zu seiner Natur: Er musste der Erste sein. Viele
Jungs prahlten sogar mit ihren Eroberungen. Die Frau
stand in der Pflicht der Treue, der Mann durfte auf Feldzug
gehen.» (Marlene W., Jahrgang 1948, Interview am 19.4.
2014)

Während sich ein Teil der DDR-Bevölkerung in selbst-
disziplinierender Moral übte, ließ der andere Teil die Bewegung der Freikörperkultur wieder aufleben. Offiziell durfte
in den 1950er Jahren zwar nicht nackt gebadet werden,
trotzdem widersetzten sich die Sonnenanbeter der Staats-
macht und erklärten ihre Nacktheit zur Privatangelegen-
heit. Bis 1956 verfolgte die Volkspolizei jeden Unbekleide-
ten, um die Sittlichkeit zu wahren, doch ohne Erfolg: Die
Zahl der FKK-Anhänger wuchs, und sie verfassten un-

zählige Beschwerden an den Staat, um das FKK-Verbot anzuprangern. Schließlich gab das SED-Regime nach, und 1956 wurden die ersten Freikörperkultur-Bereiche durch Schilder ausgewiesen. Die Bewegung wurde immer größer und die Menschen in Badehosen an Stränden immer seltener.

Die meisten der ostdeutschen Zeitzeuginnen, mit denen ich sprach, erinnerten sich an das wachsende Bedürfnis, einen selbstverständlichen Umgang mit der eigenen Nacktheit zu finden. Als heranwachsende junge Frauen wollten sie auf keinen Fall puritanisch wirken. Die Kirche verlor in der DDR Ende der 1950er Jahre für viele an Bedeutung, und die sozialistische Idee, die an ihre Stelle getreten war, sollte sich nicht länger mit der christlich-rigiden Sexualmoral decken. Enthaltsamkeit wurde von diesen Frauen deshalb zunehmend als überholt empfunden und nicht der menschlichen Natur entsprechend.

Natascha B., Jahrgang 1946, wuchs als Tochter eines Lehrerpaares in Ost-Berlin auf. Als sie 14 Jahre alt war, wiesen ihre Eltern auf bestimmte Stellen im Bücherschrank und kommentierten verlegen, dort stehe alles, was sie wissen müsse. «Ich ließ es mir nicht zweimal sagen und verschlang die Bücher, las sie gefühlte tausend Mal. Am Ende konnte ich fast alles auswendig: Die verschiedenen Stellungen und wie der Mann das Kondom aufzog, konnte ich im Schlaf aufsagen. Ich wurde zur Informantin meiner Mitschüler und klärte alle auf.» Mit 17 Jahren verließ Natascha die elterliche Wohnung und begann eine Ausbildung in Thüringen. Dort lebte sie in einem Internat. «Da ging es hoch her. Ich kannte keinen dort, der nicht schon mit 16 Sex hatte. Man durfte sich nur nicht erwischen lassen.» (Natascha B., Jahrgang 1946, Interview am 2.6.2014)

In den 1950er Jahren prägte Rudolf Neubert, Professor

für Sozialhygiene aus Jena, die Sexualmoral der DDR mit seinem beliebten Ratgeber *Das neue Ehebuch*, der sich auch in den 1960er Jahren noch in fast jedem DDR-Haushalt finden ließ. Darin sprach er sich zwar nicht gegen vorehelichen Geschlechtsverkehr aus, legte aber Minderjährigen nahe, von regelmäßigem Verkehr abzusehen. Erst ab dem Alter von 18 Jahren stünde der Regelmäßigkeit nichts mehr im Wege.[33] Seine Hauptargumente gegen den Geschlechtsverkehr von Jugendlichen vor der Ehe waren die unzureichenden Verhütungsmittel und damit die fehlenden Möglichkeiten, die vor ungewollten Schwangerschaften schützten.[34]

Einige der von mir befragten Frauen berichteten von aufgeschlossenen Jugendleitern: «In meiner FDJ-Gruppe[35] sprachen wir Anfang der Sechziger erstaunlich offen miteinander und klärten uns gegenseitig auf. Ich hatte mit 15 meinen ersten Freund, aber war mit ihm noch nicht intim geworden. Unser Betreuer sagte immer: Sex ja, aber nur, wenn ihr auch heiraten wollt.» (Sabine B., Jahrgang 1949, Interview am 6.6.2014) 1963 reagierte das Regime der DDR auf das freizügige Liebesleben vieler Jugendlicher und ließ über das Jugendkommuniqué der SED verkünden, dass die Liebe von zwei jungen Menschen ehrlich anerkannt und nicht verhindert werden solle, schließlich würden sich alle Probleme, die Menschen in der Liebe oder Ehe hätten, auch auf die anderen Bereiche der Gesellschaft auswirken.[36] Die Botschaft blieb widersprüchlich: Voreheliche Beziehungen wurden akzeptiert, jedoch zugleich an die Bedingung geknüpft, dass sie in die Ehe mündeten.

Doch auch wenn noch immer ein prüder Wind durch die Partei wehte, bahnten sich Veränderungen bereits an: Im Presseorgan der Freien Deutschen Jugend *Junge Welt* erschien beispielsweise zeitgleich die wöchentliche Kolumne «Unter vier Augen», in der Lesern alle Fragen zu den Themen Sexualität und Partnerschaft beantwortet werden sollten. Plötzlich durften Zeitschriften neben der Liebe zur Arbeit und zum Staat auch über die Liebe zwischen Mann und Frau schreiben. Dabei sollte alles angesprochen und beantwortet werden, was Liebende im Bett bewegte. 1966 eröffnete die DDR in allen Regionen Familien-, Sexual- und Jugendberatungsstellen. Sie wurden zahlreich in Anspruch genommen, um sich bei Medizinern, Psychologen und Hebammen über Verhütung und Sexualität zu informieren. Es erschienen Ratgeber, die mit einer bisher nicht gekannten Offenheit aufklärten. Auf Initiative von Karl-Heinz Mehlan entstand in Gotha die erste Kondomfabrik, und wenn es nach dem eifrigen Aufklärungspionier gegangen wäre, stünden seit 1970 an jeder Schule Kondomautomaten. Bei der damaligen Ministerin für Volksbildung, Margot Honecker, stieß dieser Wunsch aber auf taube Ohren.[37]

Während 1968 zweieinhalb Millionen Pillenpackungen verkauft worden waren, stieg die Zahl 1970 auf fünf Millionen an. Neben Frauenärzten durften nun auch Allgemeinmediziner ein Rezept ausstellen. 1972 gingen bereits über 13 Millionen Monatspackungen über die Apothekentische. Die Nachfrage war so groß, weil die Pille nun allen jungen Mädchen und Frauen kostenlos verschrieben werden konnte.[38] Im selben Jahr wurde auch das Abtreibungsrecht liberalisiert. Es legalisierte den Schwangerschaftsabbruch innerhalb der ersten zwölf Wochen, ohne von der Frau eine Begründung einzufordern.[39] Zuvor war der Gesetzentwurf in der Volkskammer diskutiert worden, und zum ersten und einzigen Mal in der Geschichte der DDR hatte es Gegenstimmen gegeben. Das von der Mehrheit beschlossene Gesetz sollte eigentlich erst viel später in Kraft treten. Pro-

fessor Dr. Hans-Georg Neumann erinnert sich: «Die früh-
zeitige Legalisierung des Schwangerschaftsabbruchs war
eine vorgezogene Aktion der DDR. Das lag daran, dass die
Bundesrepublik damals die Legalisierung des Aborts auch
auf ihrer Tagesordnung hatte, und das wusste die DDR.
Und da haben sie hier gesagt, wenn die drüben eher als wir
den Schwangerschaftsabbruch legalisieren, dann wäre das
ja ganz miserabel für uns als sozialistisches Land, die wir
zum Wohl der Frau agieren. Also hat die SED blitzschnell
reagiert und das Ganze durchgezogen.»[40]

Tatsächlich hatte es 1971 im Westen heftige Debatten
um den Paragrafen 218 gegeben. In der Zeitschrift *Der
Stern* bekundeten 300 Frauen: «Ich habe abgetrieben.»[41]
Vieles deutete zum damaligen Zeitpunkt auf eine Liberalisierung des Abtreibungsgesetzes im Westen hin. Die DDR
war schneller und übernahm 1972 nicht nur die Kosten der
Wunschkindpille, sondern zahlte nun auch die Schwanger-
schaftsabbrüche. Bärbel W., die zwischen 1965 und 1995 als
Frauenärztin tätig war, erinnert sich an den Aufruhr unter
ihren Kollegen, den die plötzliche Liberalisierung des
Schwangerschaftsabbruchs verursacht hatte: «Ich war damals entsetzt über die Lockerung und darüber, dass der
Staat das zahlte. Und nicht nur ich. Viele meiner Kollegen
schrieben Eingaben, um ihren Protest kundzutun. Wir befürchteten, dass sich die Geburten dramatisch reduzieren
würden. Und dann war da noch die Moral, denn es gab etli-
che, die meinten, das wäre der Startschuss für zügellosen
Sex! Sollten sie doch wenigstens die Konsequenzen tragen
und selbst dafür zahlen.»[42] Tatsächlich kam dem SED-Staat
die Kostenübernahme teuer zu stehen: Jahrelang beliefen
sich die Zahlen auf 100000 Abbrüche pro Jahr.[43] Es wurden
viele Gesetze erlassen, die Eltern mit Kindern unterstützen
sollten und Schwangeren und Familien umfangreiche Hil-

fen anboten, sodass Mutterschaft und Beruf vereinbar wurden. Damit hoffte die Regierung, die Lust auf das Kinderkriegen zu erhöhen und somit ein weiteres Sinken der Bevölkerungszahlen stoppen zu können.[44]

Ein einheitliches Programm zur Sexualerziehung gab es in der DDR nicht, und unter vielen Jugendlichen herrschte bis Anfang der 1970er Jahre eine große Unwissenheit. So ging aus einer Studie hervor, dass fast 40 Prozent der jugendlichen Liebespaare bei ihrem «ersten Mal» nicht verhütet hatten.[45] 30 bis 40 Prozent der Jugendlichen hegten zudem noch Vorbehalte gegenüber der Pille aus Angst vor deren Nebenwirkungen.[46] Seit 1965 stand zwar auf dem Lehrplan aller achten Klassen, Fortpflanzung, Jugendsexualität und Geschlechtskrankheiten zu behandeln, die meisten Zeitzeuginnen aber bemängelten den Unterricht als zu medizinisch und trocken.

Da die Forderungen einiger Sexualwissenschaftler nach einer besseren Aufklärung der Jugendlichen vom Ministerium ignoriert wurden, besuchten in vielen Regionen Psychologen, Gynäkologen und Sexualwissenschaftler seit den 1960er Jahren die Schulen und beantworteten die Fragen der Mädchen und Jungen. Auch Dr. Martin Brandt war damals in Sachen Aufklärung unterwegs: «Wir haben in Erfurt vor jeder Aufklärungsstunde Pappkästen aufgestellt, damit die Mädchen und Jungen anonym ihre Themenwünsche hineinwerfen konnten. Das nahm ihnen die Scheu. Uns ging es schon lange nicht mehr um die rein biologische Wissensvermittlung, sondern um das Verhalten der Liebenden: Wie gingen Jungen und Mädchen miteinander um, und was bedeuteten ihnen Liebe, Sex und Zärtlichkeit.»[47] Die Veranstaltungen fanden jedoch lediglich im Rahmen von Pioniernachmittagen statt und waren nicht flächendeckend in den Unterrichtsplan integriert.[48]

Ende der 1970er Jahre wurden in den Arztpraxen Jugendsprechstunden eingerichtet und somit für Jugendliche eine weitere Möglichkeit geschaffen, Fragen über Liebe, Sexualität und Verhütungsmittel zu stellen. Die Leipziger Sexualwissenschaftlerin Lykke Aresin veröffentlichte seit 1967 in der *Wochenpost* eine Ratgeberkolumne mit dem Titel «Worte des Vertrauens», in der sie die Themen Liebe, Sex und Partnerschaft tabulos behandelte. 1978 gab sie zum Beispiel Tipps, wie eine Frau am besten zum Orgasmus gelangen könne, und rief dazu auf, Kindern frühzeitig einen offenen Umgang mit Sexualität zu vermitteln, schließlich sei Sexualität etwas so Natürliches wie Essen, Trinken, Fühlen und Denken.[49]

Obwohl in der DDR keine sexuelle Revolution stattfand, existierte dennoch eine stille Bewegung, die schon in den 1950er Jahren das Recht auf öffentliche Nacktheit erwirkte und damit die Sehnsucht nach einem unbefangenen Umgang mit sich selbst und dem eigenen Körper offenbarte. Der Sexualwissenschaftler Kurt Starke zitiert in seinem 1981 erschienenen Buch *Junge Partner – Tatsachen über Liebesbeziehungen im Jugendalter* einen 5-jährigen Jungen, der den Textilstrand beobachtete, eine Frau im Badeanzug sah und entrüstet schrie: «Guck mal, Mami, die Frau, das Ferkel, geht in Sachen ins Wasser!»[50] Die Freikörperkultur war in den 1970er Jahren so normal geworden, dass Menschen in Kleidung am Strand fast unangemessen wirkten.

Doreen P. wurde 1950 in Rostock als Tochter eines Kranfahrers und einer Kindergärtnerin geboren. Ihre Kindheit erlebte sie unbeschwert, in jeder freien Minute am Meer und am liebsten nackt. «Nacktsein bedeutete für mich frei sein. Es herrschte ein freundlicher, netter Ton, weil alle durch ihre Nacktheit gleich waren.» (Doreen P.,

Jahrgang 1950, Interview am 5.9.2014) Auch zu Hause wirkte die Freiheit fort: Für Doreen und ihre Eltern war es vollkommen normal, in der Wohnung die Hüllen fallen zu lassen. Der natürliche Umgang mit der eigenen Körperlichkeit fand viele Anhänger. Ein Teil der Menschen versuchte, privat freizügig und liberal miteinander zu leben.

1969 erschien in der DDR das Aufklärungsbuch *Mann und Frau intim* von Siegfried Schnabl, das die Freuden am Geschlechtsakt anhand verschiedenster Techniken zur Lustoptimierung beschrieb.[51] Es entwickelte sich in der DDR zu einem Bestseller, erlebte 18 Auflagen und setzte einen offenen Umgang mit der Sexualität in Gang. Laut Siegfried Schnabl existieren so viele Arten von Sexualität, wie es Menschen gibt, und Verbote und Vorschriften haben in der Liebe nichts zu suchen. Eine Untersuchung aus der Zeit dokumentiert Familien, die ihre Schamgefühle über Bord warfen und anfingen, freimütig über Liebe und Sexualität zu sprechen. Ein Drittel der in dieser Studie befragten Eltern hatte nichts gegen die intimen Partnerschaften ihrer Töchter und Söhne einzuwenden mit der Einschränkung, dass es sich um eine feste Liebe handele, die ihren Kindern guttat.[52] In dieser Phase der sexuellen Liberalisierung wuchs Doreen P. auf. Ihre ersten sexuellen Erfahrungen machte sie mit 16 Jahren, ihr «erstes Mal» erlebte sie zwei Jahre später und bewegte sich damit im typischen Durchschnittsalter der Zeit: Während im Jahr 1973 56 Prozent der 18-Jährigen zum ersten Mal Geschlechtsverkehr hatten, waren es 1977 bereits 72 Prozent.[53]

Die Emanzipation weiblicher Sexualität vollzog sich in Ostdeutschland ohne öffentliches Aufsehen, und eine Umfrage spiegelte schon früh eine sexuelle Zufriedenheit wider. So empfand die Mehrheit der 17-jährigen Mädchen 1974 ihr «erstes Mal» als ein großartiges Erlebnis,[54] und die

Sexualität von Jugendlichen genoss in den 1970er Jahren eine hohe Akzeptanz: 98 Prozent der Jungen und 97 Prozent der Mädchen hielten Geschlechtsverkehr vor der Ehe für vollkommen normal.[55] Zudem schienen bei der sexuellen Entfaltung keine Unterschiede zwischen Mädchen und Jungen, Männern und Frauen zu bestehen. Sabine B., die ihren ersten Geschlechtsverkehr mit 18 Jahren erlebte, berichtete mir darüber: «Ich empfand meinen Partner als ebenbürtig. Wir entschieden gemeinsam, machten Liebe, wenn wir es beide wollten. Das hatte großen Einfluss auf mein sexuelles Empfinden. Sexuelle Erfüllung war für mich von Anfang an sehr wichtig, um glücklich zu sein und mich als Frau bestätigt zu fühlen.» (Sabine B., Jahrgang 1949, Interview am 6.6.2014)

In der DDR wurde schnell und früh geheiratet, denn erst der Trauschein ermöglichte es Paaren, eine eigene gemeinsame Wohnung zu beziehen. Manche jungen Paare mussten sogar bis zur Geburt des ersten Kindes unter einem Dach mit den Eltern verharren, weil eine verfehlte Wohnungspolitik zu Wohnraummangel geführt hatte. Zugleich waren die Scheidungsraten in der DDR enorm hoch. Der Staat versuchte den Trend zur Eheauflösung aufzuhalten und mischte sich bis in die 1970er Jahre hinein in die Intimsphäre von Beziehungskonflikten ein. Er forderte Arbeitsbetriebe, Nachbarn und Gerichte dazu auf, erzieherisch auf das zerstrittene Paar einzuwirken und sie zur Aufrechterhaltung ihrer Ehe zu bewegen.[56] Doch die Anträge auf Scheidung häuften sich dennoch – und wurden oft von Frauen eingereicht. Ihre ökonomische Selbstständigkeit hatte zu einer immer weiter voranschreitenden Emanzipation geführt.

Schon Anfang der 1970er Jahre wurde das Fremdgehen der Ehefrau als häufiger Trennungsgrund angeführt.

Frauen, die unzufrieden mit ihrem Partner waren, nahmen ihr Unglück nicht länger hin, sondern suchten anderweitig nach sexueller Erfüllung. Im Jahr 1978 wurde die Frauenzeitschrift *Für Sie* von einer Flut von Leserbriefen überhäuft, in der Frauen ihren Unmut über mangelnde sexuelle Befriedigung äußerten, sodass sich die Redaktion verzweifelt an das Justizministerium wandte.[57] Die Anspruchshaltung der Frauen an das eigene Leben, an berufliche Verwirklichung und an die Partnerschaft war hoch und zeigte recht deutlich, dass die Befreiung weiblicher Sexualität, ihr Wissen um die eigenen Wünsche und Bedürfnisse – wenn auch im Stillen – längst begonnen hatte: «Bei uns vollzog sich eine Liberalisierung des gelebten Lebens und keine Medienliberalisierung oder staatspolitische Liberalisierung. Es setzte sich einfach durch und wurde akzeptiert. Wir hatten hier keine Striptease-Bars und Ähnliches. Aber es gab *Das Magazin*, das der DDR-Bevölkerung einmal im Monat ein Aktfoto zumutete. Das war dann die Nackte des Monats. Im Verlauf der 1970er Jahre sahen es alle ein bisschen lockerer, aber eben nicht in dem Sinne, dass sich nun diese ganze sexuelle Offensive in Radio, Fernsehen, Zeitschriften abspielte. Das war gar nicht der Fall. Aber was jeder zu Hause in Bezug auf Liebe und Sexualität tat, war seine Sache. Da wurden keine riesigen Zügel angezogen. Und was die Jugend machte, das tat sie. Und unsere jungen Leute waren in diesen Belangen sehr unbefangen.» (Professor Dr. Siegfried Akkermann, Jahrgang 1935. Interview am 5.12.2014)

«Pillen killen» – Pillenkritik und Frauenbewegung in der BRD

Anfang der 1970er Jahre tat sich der Westen noch immer schwer damit, minderjährigen Mädchen die Pille zu verschreiben, und viele Arztbesuche führten zu demütigenden Erfahrungen. Brigitte L. wuchs in einer niedersächsischen Kleinstadt auf. Mit 17 Jahren besuchte sie mit ihrer Mutter zusammen einen Frauenarzt, um ein Rezept für die Pille zu erhalten. «Meine Mutter wollte dem Arzt ihr Einverständnis dafür geben. Mir war das schrecklich peinlich. Zwar schwebte ich verliebt auf rosa Wolken, aber dachte noch gar nicht an Sex. Meine Mutter aber wollte vorsorgen, damit ich gewappnet war. Das Gespräch war entsetzlich. Mir machte der Arzt Vorhaltungen, ich wolle mich ja nur in die Arme des nächstbesten Mannes werfen, und meiner Mutter warf er Kuppelei vor. Wir verließen kopfgewaschen und ohne Rezept die Praxis.» (Brigitte L., Jahrgang 1955, Interview am 4.7.2013)

Im Verlauf der 1970er Jahre aber änderte sich die Haltung der meisten Ärzte. Immer mehr Gynäkologen erklärten die Sexualaufklärung und die Verbreitung der Pille zu ihrem selbstverständlichen Beitrag, eine unerwünschte Schwangerschaft gar nicht erst entstehen zu lassen. Gerade für die Gegner der Fristenlösung, die auf keinen Fall eine Erweiterung der Indikationen wollten, geschweige denn für eine Liberalisierung des Schwangerschaftsabbruchs waren, wurde – ähnlich wie in der DDR – die Pille plötzlich zum Hauptargument, weil sie die Zahl der Abtreibungen verringern konnte.[1] Ein Frauenarzt aus Niedersachsen erinnerte sich: «Meine Kollegen und ich handhaben es Mitte der 1970er Jahre immer laxer, wer die Pille bekam und wer nicht. Bei 16-jährigen Mädchen drückte ich schon mal ein Auge zu, wenn sie für ein Rezept zu mir kamen und keine Einverständniserklärung der Eltern dabeihatten.» (Dr. Peter B., Facharzt für Frauenheilkunde und Geburtshilfe aus Niedersachen, Interview am 2.10.1993)

Damit wurde die Jugendsexualität auch in Westdeutschland langsam gesellschaftsfähig,[2] und auch die Art der Beziehungen veränderte sich. Sie wurden um ihrer selbst willen geführt, ohne ihr Augenmerk sogleich auf eine zukünftige Ehe zu richten. Der Geschlechtsverkehr schuf innige Nähe in einer Partnerschaft, setzte aber zugleich selbstbestimmte, freie Menschen voraus, die in der Lage waren, ungezwungen und offen aufeinander zuzugehen. Diese Fähigkeit aber kam nicht über Nacht, sondern war ein langer Prozess und bei manchen auch ein jahrzehntelanger innerer Kampf.

In einigen Zeitschriften wurde die Frau Ende der 1960er und Anfang der 1970er Jahre als Siegerin der sexuellen Revolution beschrieben, weil sie – dank der Pille – endlich über sich und ihren eigenen Körper bestimmen konnte. In Wirklichkeit aber musste das Verhältnis zwischen den Geschlechtern erst geklärt werden. Denn auch wenn durch die Pille Sexualität nicht mehr zwangsläufig zu einer Schwangerschaft führte, löste sie nicht die Probleme, die sich innerhalb von Beziehungen in Bezug auf Liebe und Sexualität ergeben konnten. Oftmals dauerte es noch Jahre, bis eine gleichberechtigte Partnerschaft, die Frauen und Männern gleichermaßen Befriedigung verschaffte, tatsächlich erreicht wurde. Im Vorfeld war zunächst einmal zu klären, was dem eigenen Körper guttat und was der Partner dazu beitragen konnte. So sahen sich auch viele der von mir befragten Frauen gar nicht als Siegerinnen, sondern schrieben den Männern die Rolle der Gewinner zu, weil diese ihrer

Meinung nach von der sexuellen Aufbruchsstimmung profitierten: «Die Männer, mit denen ich zu tun hatte, blieben
die Sieger, weil sie Sex nun sofort haben konnten und blitzschnell zum Höhepunkt kamen.» (Margot W., Jahrgang
1939, Interview am 17.3.2010) Und eine andere Zeitzeugin
berichtete mir: «Auch wenn ständig über Sex geredet
wurde, so sah es im Bett doch anders aus. Es war langwei-
lig, immer das Gleiche. Erst nach und nach war ich in der
Lage einzufordern, was mir gefiel, um auch zum Orgasmus
zu kommen. Und nach und nach kamen auch Fragen von
den Männern, was ich eigentlich schön fand.» (Karin L.,
Jahrgang 1939, Interview am 5.8.2014)

Maria V. schloss sich 1975 einer Gruppe von Frauen an,
die die Fähigkeit des Gebärens als Teil ihrer Sexualität zu-
rückforderte. «Uns regte auf, wie einseitig die Pille, die
Sexualität überhaupt diskutiert wurde. Vor der Pille war
die Frau einfach nur Frau und Mutter gewesen, mit der
Pille wurde sie zum lustvollen, allzeit bereiten Sex-Wesen.
In diesen Zeiten gab es keine Huldigung der weiblichen
Natur, auch Leben hervorzubringen. Dabei gehörte auch
das zur Sexualität der Frau.» (Maria V., Jahrgang 1939, Interview am 5.9.2014) Überall in der Bundesrepublik fanden
sich Frauen zusammen, die für ihre Gleichberechtigung
und Emanzipation zu kämpfen begannen. Es bildeten sich
Frauengruppen, die für mehr Selbstbestimmung eintraten
und nicht länger fremdgeleitet werden wollten. Dabei geriet auch die Pille mehr und mehr in die Kritik. Plötzlich
wurde sie zu einem Teil der verhassten Fremdbestimmung:
Hormone griffen nicht nur in den weiblichen Körper ein,
sondern verführten auch zur alleinigen Verantwortung in
Sachen Verhütung und entließen den Mann aus der Pflicht.

Auch Dagmar H. trat 1976 im Alter von 26 Jahren, einer
studentischen Frauengruppe bei. «Überall um mich herum

sah es gleich aus: Wenn eine Frau ein Kind bekommen hatte, musste sie alles alleine schaffen. Sie musste ihr Studium zu Ende führen und trotzdem Kind und Haushalt versorgen. Das war vollkommen ungerecht, weil die Männer keinen Finger krümmten. Das war ja Frauensache, sagten sie. Aber wenn es um Unterdrückung in der Welt ging, schwangen sie große Reden: Hoch mit der internationalen Solidarität. Zu Hause aber hörte die Solidarität dann auf.» (Dagmar H., Jahrgang 1950, Interview am 4.12.2010)

Fast zwei Jahrzehnte nach ihrer Einführung klagten immer mehr Frauen über die Nebenwirkungen der Pille, wollten diese nicht mehr länger ertragen und setzten sie deshalb ab. Die Frauenrechtlerin Alice Schwarzer schrieb hierzu: «Zu lange hatte jede Frau einzeln geschwiegen und geschluckt. Zu lange hatte sie heimlich daran gewürgt – dass immer mehr Frauen vergaßen, sie einzunehmen, war kein Zufall.»[3] Klara W. erinnert sich an einen Leserbrief in der *Bild*-Zeitung, in dem eine Frau behauptete, sie spüle mit jeder Pille die Liebe fort: ‹‹Pillen killen› stand auch mal irgendwo in einer Zeitung als Überschrift. Ob sie die Lust zerstörten oder krank machten, das war genau der Punkt, der uns alle bewegte. In all den Jahren zuvor schluckten wir sie begeistert, weil wir Liebe ohne Angst machen konnten, und ertrugen die Beschwerden stoisch. Wir alle glaubten, wir würden uns schon an die Nebeneffekte gewöhnen, die praktische Verhütung sei wichtiger.» (Klara W., Jahrgang 1947, Interview am 6.6.2010) Immer wieder gab es Ärzte, die negative Begleiterscheinungen als psychische Probleme der Frau abtaten. «Sie argumentierten mit moralischen Ängsten. Frauen würden in Wirklichkeit gar keine körperlichen Beschwerden haben, sondern litten an den eigenen Schuldgefühlen. (...) Das waren natürlich dreiste Unterstellungen, Übelkeit, Kopfschmerzen und was noch so alles durch die Pille verursacht wurde, als hysterisch abzutun.» (Klara W., Jahrgang 1947, Interview am 6.6.2010)

Alle von mir befragten Zeitzeuginnen beschrieben ihr Heranreifen als eine aufregende Zeit, in der sie sich selbst, den eigenen Körper und seine Bedürfnisse wahrzunehmen lernten, gleichzeitig aber machte sich der Frust breit, dass die Pille sie in den Stresszustand versetzte, immer für Geschlechtsverkehr bereit sein zu müssen. Zwar hatte die hormonelle Verhütung den Frauen die Freiheit verschafft, ihr Studium zu absolvieren, sich ausschließlich ihrer Karriere zu widmen und trotzdem sexuell aktiv zu sein, ohne ihre fruchtbaren Tage zu fürchten – gleichberechtigt und befreit aber fühlten sie sich nicht: «Ich war abhängig von Hormonen und abhängig von der Lust meiner Partner. Um mich ging es nicht. Wenn ich sagte, ich habe heute mal keine Lust auf Sex, hieß es immer gleich: Wieso, du nimmst doch die Pille!» (Heide H., Jahrgang 1944, Interview am 4.4.2014)

Anfang der 1970er war die Pille als Verhütungsmittel in vielen Kreisen vollkommen normal geworden, und Männer setzten ihre Einnahme als selbstverständlich voraus. Kritische Stimmen prangerten an, die Pille habe die sexuell jederzeit verfügbare Frau geschaffen und damit ihre Unterdrückung sogar noch verstärkt:[4] «Als ich die Pille noch nicht hatte, konnte ich mich leichter verweigern, wenn ich keinen Sex wollte. Ich verhütete nach der Temperaturmethode und wusste immer, wann meine fruchtbaren Tage sind und wann nicht. Also lag es in meiner Hand, und ich hatte die Freiheit zu bestimmen, wann ich mit jemandem ins Bett ging und wann nicht. Mit der Pille ging es immer. Da war mir die Freiheit des Sich-Verweigerns genommen. Denn da musste ich mich den Männern anpassen und sie sich nicht an mich und meinen Zyklus.» (Brigitte L., Jahrgang 1955, Interview am 4.7.2014) Infolge dieses Frustes verzeichnete das Institut für medizinische Statistik in Frankfurt am Main Anfang der 1970er Jahre eine Veränderung im Konsum der Pille. Dieser stieg nur noch unter den Mädchen zwischen 12 und 19 Jahren sowie den Frauen ab dem 40. Lebensjahr, unter den 20- bis 40-Jährigen ging er langsam zurück.[5]

Brigitte L. verließ 1975 im Alter von 20 Jahren ihre niedersächsische Heimat und zog nach West-Berlin. Während man ihr in der Provinz trotz der Einwilligungserklärung ihrer liberalen Mutter die Pille verweigert hatte, erhielt sie das Dragee in der Großstadt problemlos und genoss ihre sexuelle Freiheit in vollen Zügen. Bis 1978 lebte sie ausschweifend und glücklich, hatte dann jedoch genug von den ständigen Hormongaben und Partnerwechseln: «Ich fing an, mich wie Freiwild zu fühlen. War ich etwa die Liebesdienerin für jeden, der Lust auf mich hatte? Mich rechtfertigen zu müssen, warum ich nicht will, nur weil ich die Pille nahm?» (Brigitte L., Jahrgang 1955, Interview am 4.7.2013) Sie schloss sich einer Frauengruppe an, in der es um die Gewalt von Männern an Frauen und um sexuelle Herrschaft ging.

Hatte sich die Anzahl der Pillennutzerinnen in Westdeutschland seit 1965 vervielfältigt, stagnierte ihr atemberaubender Höhenflug 1976 plötzlich. Nachdem also die Pille über ein Jahrzehnt lang unverheirateten Frauen in Westdeutschland verwehrt geblieben war und diese um ihr Recht auf ein Pillenrezept hatten kämpfen müssen, wurden die Frauen Mitte der 1970er Jahre, als die Pille für alle erhältlich und gesellschaftlich akzeptiert war, «pillenmüde», und viele entschieden sich dazu, sie abzusetzen. Plötzlich galt das Medikament als Machwerk des Patriarchats. Männer profitierten von der sexuellen Freiheit, die die Pille den Frauen ermöglichte, brauchten selbst aber nicht mit den Nebenwirkungen zu leben. «Ich fühlte mich vollgestopft mit Hormonen. Außerdem war ich wütend. Warum sollte ich die Verantwortung für die Verhütung alleine tragen? Männer hatten die Pille erforscht, aber machten sich nicht auf die Suche nach einem eigenen verhütenden Hormoncocktail. Welches männliche Gemüt scherte sich schon um die möglichen Nebenwirkungen und Langzeitfolgen? Männer mussten sie ja nicht schlucken und brauchten sich deshalb auch keine Gedanken über Blutgerinnsel oder Krebs zu machen.» (Heide H., Jahrgang 1944, Interview am 4.4.2014)

Die Pharmakonzerne forschten unermüdlich, um die negativen Begleiterscheinungen einzudämmen. Zu den häufigsten Nebenwirkungen der Pille gehörten Kopfschmerzen, Gewichtszunahmen, Übelkeit und Stimmungsschwankungen. Auch vereinzelte Thrombosevorfälle erreichten die Öffentlichkeit. Außerdem stand die Pille schon früh im Verdacht, Krebserkrankungen zu erzeugen, doch steckte die Forschung hierzu noch in den Kinderschuhen, sodass sich viele Frauen als Teil eines großen Experiments empfanden, dessen Langzeitfolgen zu diesem Zeitpunkt noch nicht absehbar waren.

Bereits vor der aufkeimenden Pillenkritik hatte die Pharmaindustrie an Verbesserungen gearbeitet und den Hormongehalt drastisch verringert. Es wurden Mini- und Mikropillen entwickelt, die nun pro Monat so viel Gestagen enthielten wie vorher die Pille eines einzigen Tages. 1973 brachte der Pharmakonzern Schering das erste Präparat mit einem «neuen» Gestagen – Levonorgestrel – heraus. Präparate mit diesem Gelbkörperhormon gelten bis heute als die mit dem geringsten Thromboserisiko. In den folgenden Jahren wurden die Dosierungen immer weiter gesenkt, weitere neue Gestagene eingeführt und verschiedene Stufensysteme wie zum Beispiel das Drei-Phasen-Präparat entwickelt, das sich besonders gut an den Hormonhaushalt des Körpers anpasst.[6] Doch obwohl die Auswahl immer größer wurde und für jede Frau die Pille gefunden werden sollte, die für sie am verträglichsten war, ebbte die Kritik nicht ab und hinterließ ihre Spuren: Hatten bis 1978 noch 33 Prozent der Frauen die Pille konsumiert, sank ihr Anteil danach um 5 Prozent.[7]

In Westdeutschland stellte die Frauenbewegung die Rechte der Frauen in den Mittelpunkt und entfachte eine zunehmende Sensibilität für die weiblichen Bedürfnisse. Das Verhältnis der Geschlechter begann sich zu entspannen, und es entwickelte sich auch in den sexuellen Beziehungen immer mehr Gleichberechtigung. Die befragten Zeitzeuginnen beschrieben sich als experimentierfreudig und liberal. Befreit von den Vorschriften und der rigiden, lustfeindlichen Erziehung aus Kindertagen dominierte nun die Neugier, sich sexuell auszuprobieren und sexuelle Erfüllung zu erlangen. Der offene Umgang mit der eigenen Lust, die Auseinandersetzung mit dem eigenen Körper, mit Gefühlen, Wünschen und Sehnsüchten, die die eigene Befriedigung betrafen, schuf auch bei ihnen eine ganz neue, selbstbestimmte Sexualität: «Ich bin viel selbstbewusster geworden und fragte mich in jeder neuen Partnerschaft, wo ich mit meinen eigenen Bedürfnissen, mit meiner eigenen Lust stand. Ich wollte meine Lust ausleben, wenn mir danach war, und nicht nur dann, wenn mein Freund es wollte. Die Generation meiner Mutter hatte sich stets gefügt und sich der Lust ihrer Männer untergeordnet. Das gab es bei mir nicht mehr.» (Heide H., Jahrgang 1944, Interview am 4.4.2014)

Den vielen Debatten zwischen Männern und Frauen ist
es zu verdanken, dass wir heute einen friedlicheren, herr-
schaftsfreieren Umgang miteinander pflegen. Dies veränderte auch die Sexualmoral: Fortan ging es darum, wie
Partner sich auf etwas einigten. Was sie dann miteinander
taten, wenn beide es wollten und es ihnen angenehm war,
stand nicht länger im moralischen Kreuzfeuer der öffentlichen Kritik, sondern betraf ausschließlich das Paar allein.

Der stille Protest der Frauen in der DDR

In der DDR blieb eine öffentliche Kritik an der Pille aus,
und als sie 1972 kostenlos verschrieben werden konnte,
löste dies einen regelrechten Pillenboom aus. Die Pille war
für viele ein Segen, andere vertrugen sie nicht und setzten
sie nach einiger Zeit wieder ab. «Manche von uns hatten
Probleme mit der Pille und auch damit, sich mit Hormonen
vollzustopfen. Dann haben wir gehandelt und sie einfach
nicht mehr genommen, jede für sich selbst.» (Angelika M.,
Jahrgang 1947, Interview am 13.8.2011)

Auch in Ostdeutschland waren einige Frauen pillenmüde geworden und erkundigten sich schon Ende der
1970er Jahre in westdeutschen frauenbewegten Kreisen
nach anderen Möglichkeiten, Schwangerschaften zu verhindern. Sie gründeten heimlich Frauengruppen und streu-
ten die Informationen, die sie aus dem Westen erhielten.[1]
Auch viele evangelische und katholische Gemeinden boten
Kurse zur natürlichen Familienplanung an: «Jeden Morgen
haben wir die Temperatur gemessen und unseren Schleim
beobachtet. Sobald er durchsichtig war, war die Zeit des Ei-
sprungs und die Gefahr groß, schwanger zu werden. Wir

hatten das alles in der Kirchengruppe gelernt. Davon gab es viele in der DDR, und sie hatten großen Zulauf, weil so viele Frauen die Pille nicht vertrugen.» (Annegret E., Jahrgang 1949, Interview am 29.10.2010)

Einige der ostdeutschen Frauen, die ich befragte, fürchteten seit der Einführung der Wunschkindpille deren Nebenwirkungen und berichteten von Ängsten, die bei manchen dazu geführt hatten, die Pille eigenmächtig abzusetzen: «Ich ging zur Frauenärztin und wollte die Pille nicht mehr weiter nehmen, weil mir ständig übel war. Sie aber lachte nur und meinte, dass das alles nur Einbildung wäre, weil ich anscheinend zu viel Zeit hätte. Sie denken zu viel und beobachten sich zu stark, sagte sie mir. Die Pille kann so etwas gar nicht verursachen.» (Manuela M., Jahrgang 1948, Interview am 30.11.2010) Die Unterstellung, gespürte Nebenwirkungen seien nur Einbildung, erfuhren also auch Frauen aus Ostdeutschland. Es kursierten Behauptungen, die Frau vertrage die Pille nicht, weil sie mit Schuldgefühlen kämpfe. Viele Frauen erzählten mir, ihr Gynäkologe habe von psychosomatischen Beschwerden gesprochen. Die Ärzte waren der Meinung, die Frauen reagierten so, weil sie in Wirklichkeit glaubten, ihrer eigenen Natur zuwiderzuhandeln und mit der Pille ihren Kinderwunsch unterdrückten.

Ostdeutsche Gynäkologen bestätigten mir, es habe auch in der DDR seit Ende der 1970er Jahre immer mehr Patientinnen gegeben, die der Pille nicht mehr trauten und nach anderen Verhütungsmöglichkeiten fragten. Die Öffentlichkeit aber erfuhr nichts über diese Bestrebungen. Es gab keine Pluralität der Meinungen, keine Vielfalt verschiedener Interessengruppen oder Möglichkeiten, an Informationen zu gelangen, weil Rundfunk, Fernsehen und Printmedien der Zensur des zuständigen Sekretärs für Agitation und Propaganda und damit dem Zentralkomitee der SED unterlagen. Die Presse war weitestgehend gleichgeschaltet und veröffentlichte weder kritische Bemerkungen noch Berichte über die aufgetretenen Nebenwirkungen der Pille. Auch den Ärzten wurde nahegelegt, weiter für die Wunschkindpille zu werben.[2] So berichtet Bärbel W., die seit 1965 als Frauenärztin arbeitete: «Wir Ärzte waren in den 1970ern ebenfalls verunsichert und hatten viele Fragen. Aber wir durften unsere Ängste nicht nach außen tragen. Unsere Furcht sollte in Fachkreisen bleiben, um keine Panik zu schüren.» (Bärbel W., Gynäkologin in Sachsen, Interview am 1.7.2014)

Als die Wunschkindpille aus der Taufe gehoben wurde, war Sabine B. 16 Jahre alt und eines der ersten Mädchen, die sie nehmen durften. Die Pille sollte offiziell ihre Menstruationsbeschwerden lindern, doch die junge Frau genoss den empfängnisverhütenden Schutz in vollen Zügen, obwohl in ihrem Bekanntenkreis viel über mögliche Nebenwirkungen diskutiert wurde. Denn die Informationen darüber kamen aus dem Westen: «Ich habe die Pille trotzdem tapfer weitergenommen. Ich wusste viel über den West-Skandal mit Contergan. Doch der Contergan-Skandal war im Westen passiert. Dort war das böse Übel, denn dort ging der Kapitalismus über Leichen. Irgendwie habe ich damals immer darauf vertraut, dass mir mit unserer Pille nichts passieren könnte, denn ich war lange davon überzeugt, im besseren Deutschland zu leben.» (Sabine B., Jahrgang 1949, Interview am 6.6.2014)

Als 1970 der Wirkstoff Chlormadinonacetat, der auch in der ersten Wunschkindpille der DDR enthalten war, in den Verdacht geriet, Brustkrebs zu verursachen, waren viele ostdeutsche Pillennutzerinnen und Ärzte verunsichert, so auch die Gynäkologin Bärbel W.: «Das Gesundheitsministerium war damals in großem Aufruhr. Wir Ärzte waren angehalten, unsere Patienten zu beruhigen und keine Kommentare zu den Erkenntnissen aus dem Westen abzugeben. Gleichzeitig sollten wir unsere Frauen ganz genau untersuchen, um Knötchen in der Brust frühzeitig zu entdecken.» (Bärbel W., Gynäkologin in Sachsen, Interview am 11.5.2011) Zehn der 41 von mir befragten ostdeutschen Zeitzeuginnen hatten die Pille abgesetzt, ohne ihren Arzt davon in Kenntnis zu setzen, nachdem der Verdacht aufgekommen war, sie könne Krebserkrankungen verursachen.

Eine mit Westdeutschland vergleichbare Frauenbewegung gab es in der DDR nicht, zum einen weil die Gruppen, die sich unabhängig vom Staat bildeten, verboten waren, zum anderen weil die Lebenswelten verschieden waren: Die Frauen im Osten Deutschlands mussten weder um die Anerkennung ihrer Erwerbstätigkeit kämpfen noch Betreuungsplätze oder ihre ökonomische Unabhängigkeit einfordern. Schon 1965 beseitigte die Familienrechtsreform die Vormachtstellung des Mannes, und 1989 gingen 90 Prozent aller Frauen in der DDR einem Beruf nach.[3] Dabei standen aber nicht die Emanzipation der Frau und ihre individuelle Selbstbestimmung im Vordergrund, sondern die Familie als eine Institution des sozialistischen Staates. Frauenpolitik bedeutete vorrangig Familien- und «Mutti»-Politik, in der es um die Vereinbarkeit von Familie und Berufstätigkeit ging. Es entstand ein flächendeckendes Angebot von Krippen, Kindergärten, Erziehungseinrichtungen und Schulhorten. Mit einem Trauschein besiegelte Beziehungen wurden mit Ehekrediten und Wohnraum belohnt, Teilzeitarbeit für Mütter, das Babyjahr und die Zubilligung von Vorrechten für alleinstehende Mütter zielten darauf ab, Müttern die Arbeit zu ermöglichen.

Das alles waren Unterstützungsmaßnahmen, von denen berufstätige Frauen im Westen nur träumen konnten, trotzdem lösten sich Frauen und Männer in der DDR nur schwer von ihrem tradierten Rollenverständnis, und die typische Aufgabenverteilung hinsichtlich Haushaltstätigkeiten und Kindererziehung blieb trotz Berufstätigkeit vorwiegend an den Frauen haften. Viele Frauen rieben sich zwischen Rollenzwängen und Doppelbelastung auf.[4] Oft entschieden sich Frauen für die Schichtarbeit, um ihre häuslichen und erzieherischen Pflichten besser wahrnehmen zu können, verzichteten dabei aber auf ausreichenden Schlaf und setzten somit ihre körperliche Gesundheit aufs Spiel.[5] Zahlreiche Parteiversprechen, die Frau zu entlasten, liefen ins Leere. Die Scheidungsraten schnellten weiter in die Höhe, weil viele Ehekonflikte eskalierten, Frauen unter ihrer extremen Belastung und der geringen Unterstützung seitens der Ehemänner litten, aber auch weil sich – trotz traditioneller Rollenverteilung – die Unterordnung der Frau in der Ehe längst aufgelöst hatte.[6] Für die Regierung aber galt die Frauenfrage im Großen und Ganzen gelöst. Eine öffentliche Debatte über ungleiche Löhne oder die geringe Anzahl von Frauen in Männerdomänen und Spitzenpositionen fand – trotz bestehender Missstände – nicht statt. Diskussionen wurden lediglich in privaten, informellen oder nichtstaatlichen Gruppen geführt.

Ebenso geriet auch die Pille in der DDR nicht in die Kritik, Frauen in eine sexuelle Abhängigkeit zu manövrieren und damit dem Patriarchat zuzuspielen. Sie wurde als praktisches Mittel gesehen, um selbstbestimmt leben zu können. Keine der von mir befragten ostdeutschen Frauen fühlte sich in einer durch die Pille verursachten hörigen Position, sexuell verfügbar sein zu müssen. Die Studien, die der Sexualwissenschaftler Kurt Stark durchführte, ließen schon in den 1970er Jahren im Osten Deutschlands sexuell unabhängige junge Frauen erkennen, die sich in der Mehrzahl nicht drängen ließen und in Einverständnis die Liebe zu ihrem Partner auch körperlich auslebten. «Der Wunsch nach Sex, die Sehnsucht, miteinander zu schlafen, überhaupt, sich ein Zeichen zu geben: Willst du es ebenfalls? Das ging immer von beiden Seiten aus. Da war nicht der Mann, der es einforderte. Es kam von uns beiden. Ich wollte es, genauso wie er. Und die Pille war dabei nützlich, nur an das eine denken zu können.» (Renate H., Jahrgang 1940, Interview am 14.7.2010)

In Ost- wie in Westdeutschland war Geschlechtsverkehr am Ende der ersten Pillengeneration für Männer und Frauen ein Erlebnis, das losgelöst von Ehe und Schwangerschaft stehen konnte. Die Einführung der Pille fiel somit in eine Phase, in der der Wandel öffentlicher Sexualmoral noch ausstand, sich aber im Privaten bereits vollzog. Die Pille löste die sexuelle Revolution zwar nicht aus, kam aber zu einem Zeitpunkt auf den Markt, an dem die sexuelle Befreiung ein zentrales Anliegen großer Teile der Gesellschaft war. So hat die Pille wesentlich zur Umsetzung dieses Bedürfnisses beigetragen und kann daher als Symbol der sexuellen Revolution gesehen werden.

3. «Wir amüsieren uns zu Tode» (1980er und 1990er Jahre)

Die Pille als Reifezeichen

Die Frauen der zweiten Pillengeneration, die ich befragte, wurden zwischen 1965 und 1980 geboren – gezeugt während und nach der sexuellen Revolution und somit aufgewachsen in einer Zeit der zunehmenden sexuellen Liberalisierung. Sie erlebten ihre Pubertät und jungen Erwachsenenjahre in den 1980er und 1990er Jahren. Dass die Zahl der Pillennutzerinnen in den 1980er Jahren wieder anstieg, ist dieser Generation geschuldet, weil mit ihr Mädchen herangewachsen waren, die die Pille als «Nonplusultra» feierten. Hatten 1973 nur knapp 2 Prozent der unter 16-Jährigen und 11 Prozent der 16- bis 17-jährigen Mädchen die Pille genommen, war die Zahl 1980 auf fast 20 Prozent angestiegen.[1]

Die neue Generation sah das Einnehmen der Pille als Zeichen ihrer persönlichen und sexuellen Reife: «Ich fühlte mich bereits in dem Augenblick erwachsen und unglaublich erhaben, als ich das Rezept zum ersten Mal in meinen Händen hielt. Ich war so aufgeregt und voller Vorfreude, weil mir plötzlich eine neue Lebensepoche bevorstand. Ich fühlte mich als Frau, obwohl ich erst 16 und noch Jungfrau war.» (Melanie W., Jahrgang 1966, zweite Antibabypillengeneration, Interview am 19.7.2010) Die meisten jungen Frauen ließen sich vollkommen selbstverständlich die Pille verschreiben, und eine Frau, die erklärte, sie nehme das

Medikament, weil sie noch nicht schwanger werden wolle, galt als aufgeklärt und vernünftig. Manche von ihnen taten es, weil sie erwarteten, in nächster Zeit Geschlechtsverkehr zu haben, andere befanden sich bereits in einer festen Beziehung, in der die Pille als ständiges Verhütungsmittel gewählt wurde.

Zwar bestand Deutschland zu dieser Zeit noch aus zwei Teilen, doch konnte ich unter den 85 befragten Frauen in Ost- und Westdeutschland, die in den 1980er Jahren ihre Pubertät in den zwei verschiedenen Staaten erlebten, kaum Unterschiede bezüglich ihrer Erfahrungen mit Liebe, Partnerschaft und Sexualität feststellen. Durfte Geschlechtsverkehr früher erst im Erwachsenenalter praktiziert werden, existierten nun keine Unterschiede mehr zwischen Jugendlichen und Erwachsenen: Teenager – in Ost- wie in Westdeutschland – machten ihre sexuellen Erfahrungen, ohne sie vor irgendjemandem geheim halten zu müssen: «Als ich meinen ersten Freund hatte, war ich 15. Natürlich durfte ich ihn mit nach Hause nehmen. Ich hatte ja mein Zimmer, und er durfte bei mir übernachten, wann immer er wollte. Dass wir auch Sex hatten, während meine Eltern im Wohnzimmer saßen, war denen klar. Da sagte nie jemand was. Ich nahm ja die Pille. Was sollte schon passieren?» (Corinna M., Jahrgang 1968, zweite Antibabypillengeneration, Interview am 7.5.2010) Eine andere Zeitzeugin aus Ostdeutschland berichtete mir: «Als ich 15 war, ist meine Mutti mit mir zum Frauenarzt gegangen, damit ich die Pille bekomme. Ich hatte zwar noch keinen Freund, aber sie meinte, wenn es dann so weit ist, dann könnte ich Sex haben, ohne mir Sorgen zu machen. Und wenn ich Fragen hätte, wie es funktioniert, das erste Mal und so, dann könnte ich jederzeit zu ihr kommen.» (Paula W., Jahrgang 1969, zweite Wunschkindpillengeneration, Interview am 5.6.2010)

In der DDR war es für Frauenärzte schon seit 1972 selbstverständlich, Mädchen die Pille zu verschreiben, in Westdeutschland fanden sich erst ab den 1980er Jahren nur noch selten Gynäkologen, die diesbezüglich moralische Vorbehalte hatten. Und während es in der DDR bereits seit den 1970er Jahren Teenagersprechstunden gab, zogen in den 1980er Jahren auch die ersten Praxen im Westen nach und machten ähnliche Angebote, um Mädchen die Schwellenängste zu nehmen: «Natürlich war es ein bisschen peinlich, zu einer gynäkologischen Untersuchung zu gehen. Wir hatten alle Angst, uns auf diesen grässlichen Stuhl zu legen. Aber am Ende war es eigentlich nicht schlimm. Und die meisten von uns nahmen die beste Freundin oder die Mutti als Verstärkung mit.» (Paula W., Jahrgang 1969, zweite Wunschkindpillengeneration, Interview am 5.6. 2010)

Die erste gynäkologische Untersuchung gehörte zunehmend, fast rituell, zur Teenagerzeit dazu, und immer mehr Mädchen erschienen, um sich die Pille verschreiben zu lassen – auch um sich ihrer Normalität zu versichern:[2] «Es war für uns klar, so mit 16, spätestens mit 17 zum Frauenarzt zu gehen. Wer da noch nicht war, wurde von uns Mädchen fast dazu gedrängt. Denn das gehörte einfach zum Erwachsenwerden dazu.» (Corinna M., Jahrgang 1968, zweite Antibabypillengeneration, Interview am 7.5.2010)

So schluckten viele Mädchen das kleine Dragee jahrzehntelang, ohne zuvor die geringsten Erfahrungen mit ihrer Fruchtbarkeit und somit ihrem eigenen Körper gesammelt zu haben. Sie gaben ihren natürlichen Zyklus schon sehr früh komplett aus der Hand und ließen zu, dass künstliche Hormone in ihren Körper eingriffen. 15 von 85 der von mir befragten Frauen aus Westdeutschland und der ehemaligen DDR berichteten, dass sie die Pille bereits seit ihrer ersten Periode eingenommen hatten, weil sie ihre Menstruationsbeschwerden lindern wollten. «Darüber sprach man nicht groß. Das war kein Thema, warum man die Pille nahm. Hauptsache, man hatte sie und sie vereinfachte einem das Leben. Ich war damit sozusagen wieder im seelischen Gleichgewicht. Denn ich habe dreimal meine Tage ohne Pille erlebt, und dreimal habe ich an schrecklicher Migräne gelitten, mit starken Blutungen. Mit Pille war alles wieder gut. Außerdem hatte ich sie endlich und war damit ein großes Mädchen und ein ausgeglichenes dazu.» (Tanja H., Jahrgang 1969, zweite Antibabypillengeneration, Interview am 13.9.2013) Die Mehrzahl der Frauen der zweiten Pillengeneration ging in jungen Jahren also unbekümmert und relativ kritiklos mit der Pille um.

Zudem hatten fast alle der von mir befragten Frauen in Ost- und Westdeutschland schon in den 1980er Jahren davon gehört, dass die Pille das Hautbild verbessern könne. Ob mit Wunschkind- oder Antibabypille – die Wirkung hatten die damaligen Mädchen entweder am eigenen Teint erfahren, oder ihr Gynäkologe hatte sie darüber informiert: «Ich hatte nicht nur unreine Haut, ich hatte sogar richtige Akne. Der Arzt verschrieb mir sofort die *Diane*. Das war damals die Haut-Pille Nummer eins. Ich hatte also zweimal Glück auf einen Schlag: mit 16 bereits ein Verhütungsmittel, obwohl ich es noch gar nicht brauchte, aber damals dachte ich mir: Wer weiß, wer demnächst an deine Tür klopft. Und dann gingen auch meine Pickel weg. Das war ein absoluter Segen.» (Katrin K., Jahrgang 1970, zweite Antibabypillengeneration, Interview am 24.8.2010)

Zwar tauschten sich die Mädchen der zweiten Pillengeneration über Themen aus, die die erste Liebe, Partnerschaften und Sexualität betrafen, und outeten sich auch als stolze Besitzerinnen eines ersten Pillenrezepts, schwiegen aber über die positiven Nebenwirkungen, die ihnen eine bessere Lebensqualität schenkten: «Ich wollte gut aussehen. Das wollten wir alle. In der *Mädchen* waren immer gute Schminktipps. Die haben wir uns auch gegenseitig verraten. Aber dass eine von uns die Pille nahm, weil ihre Regelschmerzen so stark waren oder weil sie ihre Pickel loswerden wollte, das hat keine von uns an die große Glocke gehängt.» (Katrin K., Jahrgang 1970, zweite Antibabypillengeneration, Interview am 24.8.2010)

Für die meisten Mädchen fühlte es sich falsch an, ins Schicksal einzugreifen und der genetischen Anlage ein Schnippchen zu schlagen. Viele ihrer Eltern hatten ihnen immer wieder gepredigt, wie wichtig innere Werte waren und wie oberflächlich es sei, Äußerlichkeiten einen zu großen Stellenwert beizumessen. Zur Pubertät gehörten nun einmal Pickel, durch diese Phase seien sie alle gegangen, so argumentierten die Eltern: «Wenn ich zu lange in meinen Mädchenzeitschriften blätterte und nach Mode- und Schminktipps Ausschau hielt, hieß es gleich: Kümmere dich um die sinnvollen Dinge im Leben! Und als ich die Pille gegen Pickel wollte, sagte mein Vater: Du spinnst wohl, das sind doch keine Happy Pills! Clearasil reicht völlig aus.» (Kerstin B., Jahrgang 1969, zweite Antibabypillengeneration, Interview am 29.8.2010)

Auch wenn durch die Vergabe der Pille das Erleben der ersten Liebe und Sexualität bereits für Jugendliche selbstverständlich geworden waren, sprachen viele der befragten Frauen von einer Teenagerzeit, in der sie zwar die Möglichkeit hatten, den Schönheitsidealen nachzueifern und sexuelle Erfahrungen zu sammeln, dabei aber auch nicht über die Stränge schlagen durften. Mädchen mussten sich zwar nicht mehr unterordnen, dennoch wurden sie immer wieder in ihre Schranken verwiesen.

In den 1980er Jahren entwickelte sich die Pille unter den Jugendlichen sowohl in West- als auch in Ostdeutschland zum Verhütungsmittel der ersten Wahl.[3] Sie galt als so bequem, dass sich Fragen nach möglichen Nebenwirkungen in jungen Jahren nur selten stellten. Den Müttern im Westen war diese Entwicklung ein Dorn im Auge: «Meine Tochter wollte sich nicht damit auseinandersetzen, dass die Pille in den Körper eingreift. Wenn ich sie auf Übelkeit, Kopfschmerzen oder höhere Krebsgefahr hinwies, stieß ich auf Trotz und taube Ohren.» (Brigitte L., Jahrgang 1955, erste Antibabypillengeneration, Interview am 4.7. 2014)

Trotzdem blieben Mütter und Töchter im Gespräch über intime Angelegenheiten, denn zum ersten Mal in der Geschichte des Verhütungsdragees konnten Mütter ihr Wissen und ihre Erfahrungen an die Töchter weitergeben. Heide H. war stolz darauf, mit ihrer Tochter eine Vertrauensbasis und durch die Pille auch eine Gemeinsamkeit zu haben, die sie selbst mit ihrer eigenen Mutter nicht hatte erleben können. Tochter Lena dagegen empfand die Gespräche als überflüssig: «Mir passte der Zeitpunkt nicht. Bei ihrem ersten ‹Unter-Vier-Augen-Gespräch› war mir das Thema Pille zu früh, da dachte ich noch nicht an Verhütung. Später fand ich es unmöglich, dass sie mir die Pille andrehen wollte. Ich hatte immer das Gefühl, sie unterstelle mir irgendwelche Sexabsichten.» (Lena H., Jahrgang 1971, zweite Antibabypillengeneration, Interview am 4.4. 2014)

Maria V., die die Pille in den 1970er Jahren abgesetzt hatte, weil sie sich sowohl von den Hormonen als auch von einer sexuellen Hörigkeit befreien wollte, berichtete über die nachfolgende Generation: «Ich weiß von meinen Jahrgängen, dass da große Bedenken waren: die Pille, die hormonelle Beeinflussung. Damit greife ich in meinen Zyklus ein, störe das Gleichgewicht in meinem Körper, und bin immer verfügbar. So dachten unsere Töchter gar nicht. Sie waren da völlig unkritisch.» (Maria V., Jahrgang 1939, erste Antibabypillengeneration, Interview am 5.9.2014)

Dennoch favorisierten die meisten Mütter aus Ost- und Westdeutschland die Pille als Verhütungsmittel für ihre Töchter, weil ihnen das Medikament die Angst vor einer ungewollten Schwangerschaft ihrer Töchter nahm. Seitdem immer mehr junge Mädchen die Pille konsumierten, halbierte sich tatsächlich auch die Zahl der Teenagerschwangerschaften, nur bei den unter 15-jährigen Mädchen veränderte sich diesbezüglich nichts: In dieser Altersgruppe wurden noch genauso viele Mädchen schwanger wie bisher. Gleichzeitig klagte die eine oder andere Mutter, wie sehr die Pille den Druck erhöht hatte, frühzeitigen Geschlechtsverkehr zu praktizieren. Mädchen sollten schön und klug sein – und spätestens mit 17 Jahren sexuell aktiv: «Da war es zu meiner Zeit doch einfacher. Die Pille gab es zwar schon, aber ich war zu jung, um sie zu bekommen. Da konnte ich mich gut herausreden, wenn einer mit mir schlafen wollte. Ich wollte nicht schwanger und er nicht Vater werden. Als meine Tochter jung war, war das kein Argument mehr, weil sie wie alle Mädchen die Pille nahm.» (Heide H., Jahrgang 1944, erste Antibabypillengeneration, Interview am 4.4. 2014)

«Ich will Spaß, ich geb Gas»

Mitte der 1980er Jahre beklagte der Soziologe Neil Postman in seinem Buch *Wir amüsieren uns zu Tode*[1] die allmähliche Zerrüttung der Kultur durch die totale Unterhaltung. In Westdeutschland ging das Privatfernsehen mit SAT.1 und RTL auf Sendung, und laut Postman sorgten Film und Fernsehen zunehmend für eine audiovisuelle Vollversorgung und Verdummung. Das Leben nahm für ihn in allen Bereichen Formen des Entertainments an und zersetzte jedes Thema in bloße Zerstreuung – eine Bilderflut ohne Sinn und Verstand, stets den Wertmaßstäben des Showgeschäfts folgend.

Mit dem Aufkommen des Privatfernsehens erschienen immer mehr Talkshows, in denen nichtprominente Gäste über Tabuthemen diskutierten, ihre sexuellen Vorlieben in der Öffentlichkeit besprachen und in künstlich angeheiztem «Ringkampf-Klima» unter anderem auch über intime Themen stritten. In der RTL-Sendung *Eine Chance für die Liebe* berichteten Telefonanrufer über ihre bevorzugten Sexstellungen, Erektionsstörungen oder Seitensprünge. Außerdem kamen die ersten erotischen Formate wie *M – das Männermagazin* auf, bei dem unter der Rubrik «Nackte Tatsachen» leicht bekleidete Mädchen und «heiße Storys» präsentiert wurden. Die erste Seifenoper strahlte Woche für Woche ihre Folgen aus, in denen der Geschlechtsverkehr mit wechselnden Partnern zur Normalität wurde.

Doch trotz der zunehmenden Kommerzialisierung und des von den Talk-Shows vermittelten Eindrucks, alles sei möglich und machbar, nichts unterliege mehr einem Tabu, erklärten Mädchen und Jungen ihre Liebesbeziehungen und ihre Sexualität zu ihrer Privatsache, die nur sie selbst und ihre Partner etwas angehe: «Ich hab mir die ganzen Sendungen gerne angeguckt und mich köstlich amüsiert. Manchmal war ich auch erschrocken über das Frauenbild, das da transportiert wurde: Da wurde Fleischbeschau betrieben. Mehr für Männer als für Frauen. Aber das war nichts, was Einfluss auf meine Beziehungen hatte. Wir hatten unsere eigenen Freiräume und in diesen Freiräumen war der Zutritt von Erwachsenen verboten.» (Karina V., Jahrgang 1968, Interview am 5.9.2014)

Die «Neue Deutsche Welle» eroberte die westdeutschen Charts mit Titeln wie «Ich will Spaß, ich geb Gas» und fing damit das Lebensgefühl vieler Jugendlicher ein, die sich eher unpolitisch zeigten und sich ganz bewusst von den 68er-geprägten Protestlern absetzten: «Ich hatte viele 68er-Lehrer, die immer alles polarisierten. Fernsehen macht dumm, aber Lesen bildet. Sie schwärmten von damals, wie revolutionär sie alle doch gewesen waren, aber uns ging das auf die Nerven, dieses Schwarz-Weiß-Gezeichne und die Lobhudelei auf die gute alte Zeit.» (Martina K., Jahrgang 1967, Interview am 13.5.2011) Einige der interviewten Frauen beschrieben sich jedoch auch als kritisch und rebellisch: «Die meisten waren sehr angepasst, aber ich habe damals die Hafenstraße mit besetzt und Pflastersteine bereit gehalten.» (Henriette B., Jahrgang 1968, Interview am 9.8.2014)

Madonna feierte ihre ersten internationalen Erfolge und verkörperte einen neuen, selbstbewussten Frauentyp, der offen mit seiner Sexualität umging. Auch für die heranwachsenden Mädchen wurde es immer wichtiger, die eigenen Wünsche und Sehnsüchte zu erfassen und ihnen treu zu bleiben. Sowohl unter den Jungen als auch unter den Mädchen galt derjenige als reif, unabhängig, individuell und erwachsen, der möglichst früh Geschlechtsverkehr hatte. So berichteten 1980 56 Prozent der 17-jährigen Mädchen, ihr «erstes Mal» bereits erlebt zu haben, 13 Jahre später war die Zahl sogar schon auf 65 Prozent angestiegen.[2] Dabei gaben 91 Prozent der Mädchen an, sexuell aktiv zu sein, weil sie und ihr Partner es gleichermaßen wollten. Oft ging die Initiative der befragten 16- und 17-jährigen sogar von den Mädchen aus und deutlich seltener von den Jungen:[3] «Das erste Mal war witzig. Richtig schön aber wurde es erst ein paar Tage später. Da waren wir nicht mehr so aufgeregt und konnten uns besser aufeinander einlassen. Wir haben es im Wald getan, ganz plötzlich und unvorbereitet. Das erste Mal dagegen habe ich vorbereitet, als ich so weit war, mit ihm schlafen zu wollen. Das war mit Kerzenschein, auf einem flauschigen, weichen Flokatiteppich.» (Karina V., Jahrgang 1968, Interview am 5.9.2014)

Die meisten der von mir befragten Frauen der zweiten Pillengeneration erlebten ihren ersten Geschlechtsverkehr im Alter zwischen 16 und 18 Jahren. Oft lasteten hohe Erwartungen auf dem großen Ereignis, und so manches Mädchen stellte seine eigenen Fähigkeiten infrage: «Das erste Mal geschah voller Angst, denn ich stand unter Druck, alles richtig machen zu müssen. Ich hatte alles darüber gelesen, kannte jede Stellung aus Büchern, aus der *Bravo*, aber konnte ich sie in dem Moment richtig anwenden?» (Svantje L., Jahrgang 1967, Interview am 5.8.2014) Die Angst, dem Partner nicht zu genügen, überfrachtete den Moment, weil er etwas ganz Besonderes werden sollte: «Eigentlich war ich nur froh, alles gut überstanden zu haben, und war im Prinzip sehr enttäuscht. Denn ich hatte einen Himmel voller Geigen erwartet. Stattdessen tat es weh, war irgendwie gezwungen und unbeholfen. Ich hatte mir vorher extra die Pille verschreiben lassen und fühlte mich unheimlich erwachsen damit.» (Lena H., Jahrgang 1971, Interview am 4.4.2014)

Umso mehr trug die Pille dazu bei, die Mädchen zu entspannen. Denn wer sie nahm, musste sich wenigstens nicht mehr mit dem Partner über die Frage der Verhütung auseinandersetzen. Daneben wuchs in den meisten Familien die Bereitschaft, offen und freizügig über Liebe und Sexualität zu sprechen. Meistens redeten die Mütter mit ihren Töchtern, doch auch die Position der Väter wurde immer bedeutender: Vereinzelt mischten sie sich ein, um ihren Beitrag zur Aufklärung zu leisten. Maria V. und ihr Mann erklärten ihrer Tochter schon im Vorschulalter, wie ein Kind entsteht: «Wir wollten, dass sie Bescheid weiß, damit Sexualität von Beginn an für sie zum Leben dazugehört und ganz natürlich für sie ist. In der Pubertät ist es meistens zu spät, dann gehen die Informationen nur noch im Gelächter unter.» (Maria V., Jahrgang 1939, erste Antibabypillengeneration, Interview am 5.9.2014) Ihr Anliegen ging auf, und Tochter Karina erlebte ihre Eltern als locker und entspannt: «Als meine Eltern erfuhren, dass ich Sex mit meinem Freund hatte, nahmen sie es einfach so hin. Das war nichts Dramatisches für sie. Es kam nur die Frage, ob ich glücklich sei und auch an die Verhütung gedacht hätte.» (Karina V., Jahrgang 1968, zweite Antibabypillengeneration, Interview am 5.9.2014) Jugendliche wurden zunehmend selbst für ihre Sexualität verantwortlich. Ihre Eltern übernahmen lediglich im Vorfeld eine beratende Funktion, hielten sich aber anschließend aus den intimen Angelegenheiten ihrer Kinder heraus.

Auch wenn immer mehr gleichberechtigte Partnerschaften entstanden und sich das Verhältnis von Mann und Frau neu ordnete, blieb anderes weiter beim Alten. So beschrieben sich viele Frauen rückblickend als sehr angepasst und kritisierten ihre fehlenden Handlungsmöglichkeiten jenseits des vorgegebenen, traditionellen Weiblichkeitsbildes.[4] Auch die Bewertung häufiger Sexualkontakte fiel in Bezug auf Jungen und Mädchen unterschiedlich aus: In den 1980er Jahren durften Jungen deutlich mehr Sexualpartnerinnen vorweisen als Mädchen, ohne dafür verurteilt zu werden. «Mitte der 1980er Jahre haben wir über Softies diskutiert. Da ging es bei uns los mit der Frage: Wollte man einen harten Kerl oder lieber den Softie, der sich Gedanken darüber machte, wie er sein Mädchen in der Beziehung glücklich machen konnte. Je mehr Frauen sie schon gehabt hatten, desto erfahrener waren sie. Und da war dann immer die Hoffnung, dass gerade die Erfahrenen besonders sensibel auf die Bedürfnisse der Mädels eingehen konnten.» (Jessika I., Jahrgang 1970, Interview am 18.11.2010) Häufige Partnerwechsel von Mädchen hingegen wurden noch immer negativ bewertet:[5] «Na ja, als Mädchen war man schnell als Schlampe verschrien, wenn man einen Jungen nach dem anderen abschleppte. Diesen Spaß konnte sich nur ein Junge gönnen. Als ich 18 war, hatte ich drei ernst zu nehmende Beziehungen hinter mir. Das war in Ordnung, denn ich war ja für ein, manchmal auch zwei Jahre mit ihnen gegangen. Aber wenn ich jede Woche oder jeden Monat einen anderen gehabt hätte, dann hätte man mich schief angesehen.» (Karin S., Jahrgang 1971, Interview am 29.9.2010)

Viele der von mir befragten Frauen bemängelten auch, dass ihre Eltern sie zu keinem Widerstand gegen den Einsatz körperlicher Gewalt erzogen hatten. Fast alle Eltern warnten ihre Töchter vor der Gefahr einer ungewollten Schwangerschaft, doch kein Elternteil legte Wert auf die Erziehung weiblicher Selbstbehauptung. Kein einziges der befragten Mädchen war darin bestärkt worden, Nein zu sagen in Situationen, in denen sie keinen Geschlechtsverkehr wollte. So gaben Mädchen in der zweiten Pillengeneration zwar nach außen hin ein sexuell aufgeklärtes und selbstbewusstes Bild ab, dahinter aber verbargen sich Unsicherheiten und Schwächen. Erst in den 1990er Jahren entstanden viele Bildungsprogramme und Projekte, die sich der Mädchenarbeit verschrieben. Ihr Anliegen ist es bis heute geblieben, Mädchen zu stärken und unabhängig von traditionellen Rollenbildern zu erziehen.

Liebe, Lust und Glasnost

In den 1980er Jahren erschienen in der DDR immer mehr Fotobände mit Akten, Kalender mit erotischen Inhalten, und so mancher Roman stellte Dreiecksbeziehungen und Seitensprünge in den Mittelpunkt: «Wir haben uns manchmal gewundert, dass in Sachen Fotonacktbände, die früher als Pornografie verboten waren, plötzlich so viel erlaubt war und nicht mehr als pornografisch galt. Vielleicht gab es diese Lockerungen von der Partei, um uns alle ruhig zu stellen. Ein Schmaus der Sinne versetzt in erotischen Rausch und schafft weniger Rebellion.» (Irene S., Jahrgang 1969, Interview am 11.3.2010) Die Mehrzahl der befragten Frauen erinnerte sich an Filme aus dem Westen, bei denen es unzensiert zur Sache ging und die der SED-Staat etwa ab dem Zeitpunkt erlaubte, an dem der politische Unmut in der Bevölkerung wuchs. So wurden zum Beispiel ab Dezember 1986 25 Episoden der französischen, erotischen Serie *Série Rose* im DDR-Fernsehen unter dem Titel *Erotisches zur Nacht* ausgestrahlt. Jede Folge war eine abgeschlossene Geschichte aus der Hand eines berühmten Schriftstellers wie de Sade, Tschechow oder Boccaccio, die im historischen Ambiente spielte und «nackte Tatsachen» zeigte.

Pornografie war zwar verboten, wurde aber dennoch heimlich verbreitet. Oft wurde sie aus dem Westen ins Land geschmuggelt oder von Amateurfilmzirkeln selbst produziert: Heimliche Vorführungen in Privatwohnungen machten sie für ein kleines Publikum zugänglich. Der Staatssicherheitsdienst setzte Spitzel darauf an, doch nur selten wurde ein Zirkel ausgehoben. Die meisten blieben unentdeckt.[1]

Anfang der 1980er Jahre bildeten sich unter dem Dach der evangelischen Kirche etwa 100 Frauengruppen, die unterschiedlichen Strömungen angehörten: Es gab lesbische Gruppen, Friedens- und Umweltbewegungen. Frauen und Männer engagierten sich für den Frieden, gegen die Übermacht des Staates, gegen atomare Aufrüstung und Militarisierung in der DDR. Sie trafen sich in kirchlichen Räumen, Privatwohnungen oder Kneipen. Die Zahl der Beteiligten blieb gering, weil Gruppenbildung in der DDR per se als staatsgefährdend galt und verboten war. Wer vom Staatssicherheitsdienst erwischt wurde, musste mit Sanktionen am Arbeitsplatz, Hausdurchsuchungen und Verhaftungen rechnen.

Für einige Frauengruppen standen auch patriarchale Strukturen im Mittelpunkt ihrer Diskussionen. Der Wunsch, ausschließlich unter sich zu sein, war eine Reaktion auf männliche Dominanz, entsprach aber auch dem Bedürfnis, sich der staatlichen Kontrolle zu entziehen:[2] «Das war eine Zeit des Aufbegehrens. Gegen diese ständige Bevormundung vom Staat und diese Begrenzungen überall. Ob es um die Ausreise in den Westen ging oder um verbotene Liebesbeziehungen zu Ausländern. Wir wollten endlich frei und offen über alles reden können, ohne gleich als Landesverräter zu gelten.» (Corinna H., Jahrgang 1965, Interview am 9.12.2010)

Ebenfalls Anfang der 1980er Jahre schwappte die Punk-Bewegung vor allem nach Ost-Berlin, Dresden, Erfurt, Halle und Leipzig. Mit bunten Irokesenfrisuren, Sicherheitsnadeln und Hundehalsbändern verweigerten sich Punker dem Staat und provozierten die bürgerliche Gesellschaft. Eine der befragten Zeitzeuginnen war Teil der Szene und spielte in einer Punkband: «Wir hatten Spaß am Provozieren, Spaß am Sex, wir haben uns den Spaß einfach genommen und unser eigenes Ding gemacht. Sex hatte so was Unverkrampftes, weil wir auf alles, was uns vorher eingeengt hat, geschissen haben.» (Claudia M., Jahrgang 1967, Interview am 16.5.2010) Auch andere der von mir interviewten Frauen bewegten sich in künstlerischen, punkorientierten oder explizit kritischen Kreisen und zeigten sich rebellisch: «Meine Freunde und ich schrieben überall ‹No future› hin: auf Arme, Mauern und auf Häuserwände. Wir liebten David Bowie und lasen ‹Die Kinder vom Bahnhof Zoo›. Wir waren mehr oder weniger ohne Orientierung, aber GEGEN die Gesellschaft, die so spießig und mitläuferisch war.» (Sylke N., Jahrgang 1968, Interview am 9.4.2015)

Als Gorbatschow Mitte der 1980er Jahre ein umfangreiches Reformpaket für Glasnost (Offenheit) in allen öffentlichen Angelegenheiten und Bereichen des Lebens ankündigte, schöpften auch viele Bürgerinnen und Bürger der DDR Hoffnung auf Veränderungen. Doch das SED-Regime lehnte die sowjetischen Reformen ab. Die meisten Zeitzeuginnen beschrieben, dass sie sich als Reaktion auf die Reglementierungen des Staates in ihr Privatleben zurückzogen und sich auf ihre individuelle Lebensgestaltung konzentrierten. Familie, Liebe und Partnerschaft wurden zum Inbegriff dieser Privatheit: «Die Gesellschaft war piefig und eng. Aber als Jugendliche habe ich das nicht weiter beachtet. Mich hat es auch nicht interessiert. Ich war mit Jungs beschäftigt, und man kam sich sehr nahe. Partnerschaft war ein Rückzugsort. Da konnten wir machen, was wir wollten.» (Mandy P., Jahrgang 1972, Interview am 5.9.2014)

Im Vergleich zu der Generation ihrer Mütter erwartete die zweite Pillengeneration im Osten immer selbstbewusster die Befriedigung ihrer sexuellen Wünsche. 1984 erschien die Studie *Liebe und Sexualität bis 30*, in der 23 Prozent der befragten Mädchen und jungen Frauen angaben, ihren ersten Orgasmus mit 16 Jahren erlebt zu haben.[3] Die Mädchen beschrieben sich als sexuell aktiv und alles andere als gehemmt. Liebe bedeutete für sie Zärtlichkeit, und Sexualität wurde als Vereinigung, Hingabe, Begehren, Lust, Erotik und Anziehung definiert. Wie selbstverständlich die befragten ostdeutschen Frauen als junge Mädchen ihre Sexualität auslebten, zeigen die wortgewaltigen Beschreibungen des Orgasmus in dieser Untersuchung: «Der Orgasmus setzt bei mir mit einem Hitzezustand ein, bei den Füßen beginnend. Es kommt eine starke Erregung bis zum Zittern. Dann ein völliges Ausschalten aller Gedanken. Im Kopf ist ein Gefühl, als rückt alles in die Ferne. Alles konzentriert sich auf das Geschlechtsorgan, von wo aus sich ein nicht zu beschreibendes Gefühl über den unteren Bauch auf den ganzen Körper überträgt und mit einer großen Mattigkeit endet, die anfangs von Zittern unterbrochen wird.» Eine andere junge Studienteilnehmerin beschreibt ihren Orgasmus als «etwas sagenhaft Schönes. Nachher bin ich glücklich und müde.» Und eine dritte junge Frau berichtet in diesem Zusammenhang von dem «Wunsch nach nicht endender innerer Gemeinsamkeit mit dem Partner».[4]

In vielen Bekundungen darüber, was den von mir befragten Zeitzeuginnen bei ihren ersten Liebespartnern am wichtigsten war, stand der Wunsch nach Zärtlichkeit an erster Stelle. Ihren ersten Partner beschrieben sie als liebevoll und sensibel. Dabei sei er nicht ausschließlich auf die eigene Lust fixiert gewesen, sondern habe auch die Befriedigung der Frau im Blick gehabt: «Ich stand niemals unter Leistungsdruck oder hatte Angst, in irgendeiner Form zu versagen. Dazu wusste ich zu gut, was er wollte, und auch er wusste genau, was mir guttat.» (Beate B., Jahrgang 1970,

Interview am 6.6.2014) Und zumeist ging auch die Initiative für den ersten Geschlechtsverkehr von beiden Partnern aus.[5]

Die meisten ostdeutschen Frauen beschrieben mir ihre ersten Liebesbeziehungen als partnerschaftlich und ebenbürtig. Stets schwärmten sie von der Romantik, die ihnen wichtig war und in der Beziehung eine große Rolle spielte: «Ich hatte in den 1980ern vier feste Beziehungen, und immer war die neue Liebe die eine, die mich wie ein Donnerschlag erwischt hat. Und wieder war dieser eine Junge der Einzigartige, der mir den Kopf verdreht hat. Er legte sich genauso ins Zeug wie ich: Es gab romantische Einladungen, er hat mich bekocht, ich habe ihn bekocht, mit Kerzenschein und allem, was die Begegnung ganz besonders machte, Picknick im Park bei Vollmond – ein einziges romantisches Werben.» (Tamara W., Jahrgang 1974, Interview am 19.5.2010)

In Diskussionen über die Neugestaltung der Lehrpläne an Schulen kamen nun auch Themen wie Selbstbefriedigung, Homosexualität als natürliche Neigung, Promiskuität und Beziehungen ohne Trauschein zur Sprache. Sie sollten mit in den Aufklärungskanon aufgenommen werden.[6] Das Hygienemuseum Dresden produzierte Aufklärungsfilme, die sinnlich-erotische Szenen zeigten und Jugendliche zu Wort kommen ließen, die über ihre Erfahrungen mit Kondomen, Treue und Fremdgehen sowie über ihren Orgasmus freimütig berichteten.[7] Diese Materialien standen zwar zur Verfügung, waren aber kein fester Bestandteil des Unterrichts. Es hing vom Lehrer ab, wie aufgeschlossen er war und welche Angebote er mit in den Unterricht nahm: «Wir hatten verklemmte Lehrer und vollkommen lockere Lehrer, die alles, was von oben kam, nicht so genau nahmen. Meine Klassenlehrerin war so eine. In meiner

Klasse gab es Jungen, die sie nach sehr intimen Dingen fragten. Sie wollten ganz genau wissen, was Frauen empfinden, was ihnen am meisten Spaß macht. Sie hat eigentlich auf alles geantwortet, und wenn es ihr zu viel wurde, sagte sie: Das gehört ab diesem Punkt zur Intimsphäre und steht unter persönlichem Schutz.» (Klara T., Jahrgang 1968, Interview am 12.11.2014)

Neben der selbstverständlichen Offenheit, mit der in weiten Teilen der jungen Bevölkerung über Sexualität gesprochen wurde, entwickelte sich auch eine zunehmende Kommerzialisierung von Liebe und Sex. Uta Kolano beschreibt in ihrem Buch *kolletiv d'amour – Liebe, Sex und Partnerschaft in der DDR* das Ende der 1980er Jahre als einen Moment, in dem bereits viele Hüllen gefallen waren und das Regime während seiner letzten Jahre versuchte, die Erotik einzukaufen, um das aufbegehrende Volk zu beruhigen. 1984 erschien *Butterfly – Der blonde Schmetterling* in den ostdeutschen Kinos, und auf den ausgehängten Filmplakaten war ein Paar zu sehen, das sich im Stehen liebte. Im Friedrichspalast tanzten Französinnen mit nackten Brüsten, und Mitte der 1980er Jahre wurden die ersten Schönheitsköniginnen gewählt, obwohl Misswahlen zuvor verboten gewesen waren, weil sie die Frau auf ein Sexobjekt reduzierten. Tanz- und Modegruppen durften erotische Tänze vorführen, und die offiziell erste DDR-Stripperin Heidi Wittwer bot ihre Künste auf Messen feil. Ende der 1980er Jahre ließ sich Sexualität also auch im Osten verkaufen, wenn auch anders und weit weniger offensiv als im Westen.[8]

Nach der Wende griff in Ostdeutschland die Massenarbeitslosigkeit um sich. Sie bedrohte und zerstörte viele Existenzen. Standen vorher Lebenswünsche wie Partnerschaft und eine erfüllte Sexualität an erster Stelle, nannten ostdeutsche Jugendliche und junge Erwachsene nun in entsprechenden Umfragen eine gute Ausbildung, Erwerbstätigkeit und eine gesicherte finanzielle Situation als wichtigste Ziele in ihrem Leben. Zukunftsängste machten sich breit, und die Liebe trat in den Hintergrund.[9]

«Abschied von der sexuellen Revolution» im Zeitalter von Aids

Nach dem Fall der Mauer verglichen Studien die sexuellen Einstellungen und Verhaltensweisen zwischen West- und Ostdeutschland. Die Ergebnisse unterschieden sich kaum voneinander: Beziehungen standen für sich und zeugten von einer hohen emotionalen Qualität. Treue galt als wichtig, solange die Liebe dauerte, und eine Partnerschaft ging zu Ende, sobald sie dem Anspruch an Lebendigkeit, Erotik und sexuelle Erfüllung nicht mehr genügte. Bei manchen mündete eine der Beziehungen schließlich in die Ehe, andere Paare verzichteten auf den Trauschein, und manche blieben als Single – gewollt oder ungewollt – allein. Es herrschte ein freier, aufgeklärter Umgang mit Sexualität, und die meisten Jugendlichen der zweiten Pillengeneration lebten ihre Sexualität verantwortungsvoll und selbstbewusst aus.[1]

Ein einschneidendes Ereignis in den 1980er Jahren war das Auftreten von Aids. Gerade Jugendliche, die ihre sexuelle Identität erst im Laufe der Pubertät entwickeln, fühlten sich verunsichert. Plötzlich wurde Geschlechtsverkehr zur Gefahr: Die Spontaneität wich zugunsten der Vorsicht, und sexuelle Gefühle standen nun im Zusammenhang mit der Angst vor der Ansteckung mit einer tödlichen Krankheit: «Ich habe mich vorgesehen, mit wem ich

Sex hatte und mit wem nicht. Das ging nur noch mit Kondom, und wenn keines vorhanden war, dann ließ ich niemanden an mich ran.» (Ilona B., Jahrgang 1968, Interview am 11.3.2010)

Die Bedrohung durch HIV führte in Westdeutschland in den 1980er Jahren zu groß angelegten Aufklärungskampagnen in Schulen und in der Gesellschaft. Das Kondom gewann wieder an Bedeutung, und immer mehr Jugendliche verhüteten beim «ersten Mal» mit einem Präservativ, um sich vor dem HI-Virus zu schützen. Die vielen Präventionsmaßnahmen führten bei den Jugendlichen zu einem breiten Wissen über die Übertragungswege der Krankheit, nahmen ihnen aber auch ihre Unbeschwertheit in Bezug auf Partnerschaft und Sexualität: «Das hat meine Freundinnen und mich damals sehr belastet. Wenn ich einen neuen Freund hatte, wusste ich nicht, wie ich am besten herausfinde, ob er wirklich weiß, dass er kein Aids hat. Treue war plötzlich viel wichtiger als vorher. Wenn ich jemanden fragte, wie treu er bisher war, war das auch ein Weg, um zu erfahren, wie viele Frauen oder Männer er vorher gehabt hatte, um so das Risiko besser einschätzen zu können. Weniger Partner waren sicherer.» (Karina V., Jahrgang 1968, Interview am 5.9.2014)

Der Wissenschaftler Hans Bardeleben sprach sogar von einem Abschied von der sexuellen Revolution, weil plötzlich das Zeitalter rigoroser Einschränkungen begann. Die spontane Lust wurde nun kontrolliert und verwaltet, und das Bedürfnis nach Sicherheit rückte in den Vordergrund. Geschlechtsverkehr sollte nur noch praktiziert werden, wenn auch ein Kondom verfügbar war. So drohte der «Safer Sex» die Spontaneität und Ekstase zu zerstören.[2] Es wurde wieder an die Moral appelliert, denn Männer und Frauen mit vielen Sexualpartnern galten plötzlich als die

Menschen, die von Aids besonders betroffen waren. Doch während offiziell an Vorsicht und Vernunft appelliert wurde, spiegelten Studienergebnisse eine durchaus lustbezogene Realität wider: Unter den 14- bis 24-Jährigen suchten zwar 45 Prozent ihre Partner sehr genau aus, und über 47 Prozent benutzten ein Kondom, wenn sie ihren Partner nicht gut kannten,[3] dennoch schlief mehr als die Hälfte der 14- bis 24-jährigen männlichen Studienteilnehmer und mehr als ein Drittel der Frauen mit einem Partner auch ohne Kondom, wenn dieser es ablehnte. Jeder dritte Mann und jede vierte Frau gaben zudem an, Geschlechtsverkehr auch ungeschützt zu praktizieren, wenn kein Präservativ vorhanden war. Im Großen und Ganzen regierte der Spaßfaktor also weiter und untergrub weder die Spontaneität noch legte er die Lust in Fesseln.[4]

Seit 1996 übernehmen die Krankenkassen die Kosten der Pille bei Mädchen bis zur Vollendung des 20. Lebensjahres.[5] Damit wird die 1972 in der DDR eingeführte Tradition der kostenlosen Pille in der gesamten Bundesrepublik bis heute zu einem Teil fortgesetzt. 1996 nahmen bereits 72,5 Prozent der 16–20-jährigen Mädchen die Pille.[6] So war Mitte der 1990er Jahre die Zahl der Teenagerschwangerschaften so gering wie nie zuvor, und auch die Häufigkeit von Abtreibungen verringerte sich.

Worte wie «Koitus» oder «Geschlechtsverkehr», Begriffe der ersten Pillengeneration, waren längst in der Versenkung verschwunden, lieber «schlief man miteinander» oder «hatte Sex». Umschreibungen wie «vögeln», «pimpern» oder «poppen», die früher verpönt waren, gehörten in der zweiten Pillengeneration zum gängigen Sprachgebrauch. Keiner redete mehr von sexuellen Trieben, Verdammung oder Erlösung durch Sexualität. Im Mittelpunkt stand nun die Suche nach sexuellen Abenteuern und erotischen Reizen. Geschlechtsverkehr sollte einfach nur noch Spaß machen.

Am 1. Juli 1989 zog die erste Love-Parade durch West-Berlin und begründete damit eine Bewegung, die die 1990er Jahre prägte. Der Sexualwissenschaftler Volkmar Sigusch spricht seit 1996 von einer «neosexuellen Revolution».[7] Die Begierden und Leidenschaften fanden ihren neuen Ausdruck in öffentlichen Inszenierungen. Während noch in der ersten Pillengeneration alles dafür getan wurde, um aus traditionellen Normen auszubrechen, geriet die sexuelle Befreiung bereits in der zweiten Pillengeneration in die Fesseln der Marktlogik. Das Motto «Sex sells» begann sich durchzusetzen, und es gab nichts mehr, was in der Öffentlichkeit nicht besprochen wurde: Ob Fetischismus, Cybersex, Schamlippen-Piercing, vieles wird bis heute vermarktet und wurde dadurch salonfähig.

Doch während die Jugendlichen in den 1990er Jahren innerhalb der Techno-Bewegung und anderer Strömungen sich selbst und ihre Sexualität einerseits regelrecht inszenierten und die Sexualität dabei als eine Art Showelement nutzten, schotteten sie sich andererseits innerhalb ihres Privatlebens davon ab. So sprach Hans Bardeleben 1995 von einer «Rekonventionalisierung der Sexualität», weil die meisten Jugendlichen ihre Sexualität und ihre Liebe – entgegen der öffentlichen Darstellung – innerhalb einer festen Beziehung auslebten. Zu ihren wichtigsten Lebensbereichen gehörte die Partnerschaft, fern von der Kommerzialisierung der Sexualität in den Medien und auch fern von der Warengesellschaft, als suchten sie dort den Halt, den sie in der Gesellschaft nicht mehr fanden.[8] In Umfragen der Zeit zeigte sich, wie traditionell auch in den 1990er Jahren die Sehnsüchte der Jugendlichen blieben: 80 Prozent der befragten 14- bis 24-jährigen Männer und

94 Prozent der Frauen wünschten sich eine sexuell treue Beziehung. Und 71 Prozent der befragten Männer und 72 Prozent der Frauen gaben an, einmal heiraten zu wollen. [9]

4. Generation Ego?

Liebe, Sexualität und Partnerschaft
im 21. Jahrhundert

Die Mädchen der dritten Pillengeneration erleben ihre Pubertät und jungen Erwachsenenjahre im 21. Jahrhundert. Sie sind die Kinder des digitalen Zeitalters, die wissen, wie man ein iPhone bedient und in diversen Netzwerken chattet. Die Möglichkeiten der Aufklärung sind vielfältig geworden: Durch Fernsehen, Filme und Magazine stehen Jugendlichen viele Wege offen, sich nahezu unbegrenzt Informationen zu den Themen Sexualität und Verhütung zu beschaffen, und jeder, der sexuelle Orientierung sucht, kann im Internet recherchieren und sich in Foren austauschen. Die öffentlichen Räume bieten jedoch auch die Möglichkeit, Privates für jeden zugänglich zu machen, wodurch die Privatsphäre von jedem Einzelnen immer weniger geschützt ist. In Jugendzeitschriften erregen Ganzkörper-Nacktaufnahmen von Pubertierenden, die über ihre ersten sexuellen Erfahrungen sprechen, kein Aufsehen mehr, Geschlechtsverkehr ist omnipräsent, und in Talkshows werden sexuelle Bekenntnisse auch nach der zweiten Pillengeneration weiterhin ohne Tabu offenbart.

Deutschland gehört heute zu einem der sexuell liberalsten und aufgeklärtesten Staaten der Welt. Das zeigt sich auch bei den Jugendlichen: Fast alle sorgen beim «ersten Mal» und allen weiteren Liebesakten für Verhütung. Sie gehen gleichberechtigt miteinander um und sprechen offen über ihre sexuellen Bedürfnisse. Noch nie zuvor waren Mädchen und Jungen so vernünftig wie in der heutigen, dritten Pillengeneration. Der in den 1960er und 1970er Jahren prophezeite Untergang aller Sitten und Anstandsregeln blieb bis heute nicht nur aus, es ist sogar – ganz im Gegenteil – zu beobachten, dass trotz einer zunehmenden Sexualisierung der Gesellschaft Werte wie Treue wieder besonders hochgehalten werden. Jugendliche sind für den Zeitraum, in dem sie mit jemandem zusammen sind, monogam. Innerhalb ihrer Beziehung sind sie treu und bauen auf eine gemeinsame Zukunft. Und wenn ein neuer Partner ihren Weg kreuzt, verhalten sie sich in der nächsten Beziehung wieder genauso monogam wie in der vorherigen: Wieder gehen sie davon aus, dass es sich um die große Liebe handelt. So schließt eine geschlossene, intensive Beziehung an die nächste an.[1]

Auch das Alter, in dem das «erste Mal» stattfindet, ist seit zwei Pillengenerationen gleich geblieben: Es liegt im Durchschnitt um das 16. Lebensjahr, Gymnasiastinnen machen sogar erst später ihre ersten sexuellen Erfahrungen. Sie verzögern den ersten Geschlechtsverkehr, weil sie auf «den Richtigen» warten.[2] Und unabhängig davon, ob sie bereits eine Beziehung führen, in der sie regelmäßig Geschlechtsverkehr haben, oder noch auf den richtigen Partner dafür warten, nehmen die meisten jungen Mädchen die Pille. Noch immer wird das «erste Mal» als ein besonderes Ereignis herbeigesehnt und zumeist – vollkommen ungestört – zu Hause zelebriert. Die meisten Mädchen der dritten Pillengeneration erleben den ersten Geschlechtsverkehr in einer festen Beziehung und erfahren dies als etwas sehr Schönes. Sex mit einem Unbekannten oder weniger vertrauten Partner wird dagegen als ein unangenehmes Erlebnis beschrieben, infolge dessen viele sogar ein schlechtes

Gewissen entwickeln. Im Vorfeld nehmen sich Mädchen und Jungen genügend Zeit, um sich Gedanken über die Verhütung zu machen.[3]

Die Eltern der Mädchen haben zu 78 Prozent die Aufklärung ihrer Töchter übernommen. Diese findet nicht mehr in Form eines einmaligen Gespräches statt, sondern die Eltern begleiten ihre Kinder, stehen ihnen in jeder Phase ihrer Entwicklung erklärend zur Seite und gehen auf ihre Bedürfnisse ein. So halten sich mehr als 80 Prozent der 14- bis 17-Jährigen für ausreichend aufgeklärt.[4] Dabei stammen die Kenntnisse über Sexualität, Fortpflanzung und Verhütung bei drei Vierteln der Jugendlichen auch aus dem Schulunterricht.[5] Mittlerweile findet Sexualaufklärung bereits ab der Grundschule statt. Ziel dessen ist es, dass alle Kinder und Jugendlichen, egal, welchen kulturellen Hintergrund sie haben, über ihren Körper und über Verhütung Bescheid wissen. Auch herrscht eine große Offenheit unter Freundinnen und Klassenkameradinnen: Ohne Scham werden sexuelle Erfahrungen ausgetauscht oder sogar erotische Filme zusammen geschaut. Zudem findet eines der letzten Tabus in der dritten Pillengeneration ein Ende: Für Mädchen wird es immer selbstverständlicher, sich selbst zu befriedigen und dabei ihren ersten Orgasmus zu erleben.[6]

Was in der ersten und zweiten Pillengeneration noch als pervers, peinlich oder krank galt, ist heute normal. So werden Neigungen wie Bisexualität und Sadomasochismus akzeptiert, und Transgender sowie Transsexualität sind in vielen Ländern richterlich anerkannt. Paare entscheiden selbst, was sie miteinander ausprobieren wollen und wo ihre Grenzen liegen, und Liebesbeziehungen können jederzeit und von beiden Partnern beendet werden. Frauen dürfen – gleichberechtigt und selbstbestimmt – das Leben füh-

ren, das sie wollen, ohne dafür verurteilt zu werden – ob als
Karrierefrau, Lesbe, Single mit oder ohne Kind.

Sexualforscher wie Gunter Schmidt sprechen seit 1993
von einer «LIEBEralisierung» der Sexualität,[7] weil vor
allem die Liebe, aber auch Zärtlichkeit, Vertrauen und Sensibilität im Mittelpunkt heutiger Partnerschaften stehen.
Auch zeigen Jugendliche im 21. Jahrhundert ein sehr hohes
Verantwortungsbewusstsein in Hinblick auf Verhütung:
92 Prozent der Jungen und Mädchen verhüteten beim «ersten Mal».[8] Trotzdem kommen fast 50 Jahre nach der sexuellen Revolution wieder Moralapostel und Sittenhüter zu
Wort, die von einer Verwahrlosung der Jugend sprechen,
weil sie «porno- und sexfixiert» sei. Ausgelöst wurden die
Vorwürfe unter anderem durch ein Buch von Bernd Siggelkow und Wolfgang Büscher,[9] deren Schilderungen auf der
täglichen Arbeit mit einer Gruppe von sehr jungen, sehr
promiskuitiven Jugendlichen aus Berlin beruhten. Ihr Anspruch war nicht, eine repräsentative Studie zu veröffent-
lichen, sondern lediglich von ihren Erfahrungen zu berichten. Dennoch führte die Beschreibung dieser Einzelfälle zu
Verallgemeinerungen in den Medien und in der Bevölkerung. Seitdem ist von der «Generation Porno» und einer
«zügellosen Frühsexualität» die Rede.[10] Ohne Zweifel wird
der Zugriff auf Pornografie immer leichter: Laut einer Studie sollen 90 Prozent der Jungen und 68 Prozent der Mädchen zwischen 15 und 19 Jahren bereits pornographische
Filme konsumiert haben.[11] Welche Auswirkungen dieser
Konsum jedoch auf die Jugendlichen hat, ist unter Exper-
ten umstritten.

In der dritten Pillengeneration finden sich viele wider-
sprüchliche Elemente: Coolness und Selbstkontrolle, Dis-
tanz und fehlende Körperlichkeit, aber zugleich auch ein
Verlust an Intimität, weil Privates nach außen offenbart

werden kann, ohne einer Zensur zu unterliegen. Während die sexuelle Befreiung unter anderem auch für mehr Körperlichkeit sorgte, empfinden viele Menschen heute eine große Scham der fremden, aber auch der eigenen Nacktheit gegenüber. Gehörte das Nacktbaden für die meisten DDR-Bürger einst zur Normalität, bröckelte nach der Wende die Lust an der Entkleidung, und der unbefangene Umgang mit der Nacktheit ging zurück. In der dritten Pillengeneration ist es für 60 Prozent der Jugendlichen und jungen Erwachsenen unvorstellbar, sich an einen ausgewiesenen FKK-Strand zu legen. Auch das natürliche Verhältnis zur Nacktheit innerhalb der Familie, für viele zu DDR-Zeiten noch eine Selbstverständlichkeit, ist Anfang des 21. Jahrhunderts stark zurückgegangen. Die meisten Familien gehen nun, wie die Mehrheit im Westen schon immer, prüde mit ihrer Nacktheit um und tabuisieren diese sogar.[12] Für manche erscheint ein Händedruck bereits unhygienisch, für andere ist Zärtlichkeit in der Familie ein Tabu, weil sie sexuellen Missbrauch vermuten lassen könnte.

Ein anderes Phänomen dieser Generation ist ein ausgeprägter Leistungsgedanke. Fast 70 Prozent der unter 30-Jährigen glauben, jeder sei so stark mit sich selbst beschäftigt, dass er nicht mehr an andere denke.[13] Dabei beginnt der tägliche Wettbewerb, das Verschaffen von Karrierevorteilen, bereits in der Schule: «Jeder will der Beste sein. Wer am schönsten aussieht, die besten Zensuren hat und sich durch ganz viele Praktika seine Zukunft sichert, hat auch den größten Erfolg.» (Chiara L., 18 Jahre alt zum Zeitpunkt des Interviews am 5.8.2014) Die Anforderung, einen lückenlosen Lebenslauf und so viele Fremdsprachenkenntnisse und Zusatzqualifikationen wie möglich aufweisen zu können, zwingt schon Kinder und Jugendliche zum Wettlauf für die eigene Zukunft. 45 Prozent der 16-

bis 19-jährigen Jugendlichen glauben, dass nur derjenige ein gutes Leben erlange, der in erster Linie an seinen eigenen Vorteil denke.[14]

Eine junge Frau von 24 Jahren erzählte mir, dass sie ganz bewusst nicht in einer festen Beziehung lebe: «Ich habe eigentlich gar keine Lust auf einen Freund. Zumindest nicht jetzt. Mir geht es mehr um Selbstreflexion, die Suche nach mir selbst. Bevor ich mich mit jemand anderem beschäftige, will ich erst einmal mich selbst finden.» (Ronja W., Jahrgang 1991, Interview am 25.4.2015) Dank sozialer Netzwerke sind wir heute weltweit miteinander verbunden und finden in allen Winkeln der Erde Anregungen und Wegweiser für ein erfülltes und erfolgreiches Leben. Angesichts dieser Fülle von Selbstfindungs- und Selbstverbesserungsmöglichkeiten berichtete mir eine 23-jährige Frau: «Manchmal habe ich das Gefühl, an Reizen zu ersticken. Dann wieder gerate ich in Panik, etwas zu verpassen. Wie soll ich mich bei so vielen Anregungen entscheiden? Ins Ungewisse stürzen oder doch lieber Klarheit und Sicherheit finden? Ich drehe mich ständig um mich selbst.» (Helena R., Jahrgang 1990, Interview am 24.4.2015)

Da sich heute alle Lebensbereiche der Erwerbsarbeit unterzuordnen haben, hat sich als Konsequenz daraus eine Generation von Einzelwesen entwickelt. Die Wissenschaftler Bernhard Heinzlmaier und Philipp Ikrath sprechen von der «Generation Ego»,[15] die keine Zeit mehr für direkte zwischenmenschliche Kontakte finde, weil sie mit ihrer Selbstverwirklichung beschäftigt sei. Sie versuche, ein Leben zwischen Karriere, Konsum und Selbstoptimierung zu meistern. Dabei falle es ihr schwer, Kompromisse einzugehen, um eine Beziehung aufrechtzuerhalten, die eventuell der eigenen Entwicklung im Weg stehen könnte.

Doch zugleich steigt auch die Sehnsucht nach der einen,

großen, perfekten Liebe. Vermutlich ist den Jugendlichen und jungen Erwachsenen eine feste Partnerschaft, in der Treue und Monogamie besonders hochgehalten werden, deshalb so wichtig, weil sie einen Rückzugsort darstellt. Während es «draußen» vor Konkurrenten wimmelt, wird der verlässliche Liebespartner zum Fluchtraum, der vor der rauen Wirklichkeit einer Konkurrenz- und Leistungsgesellschaft Schutz bietet. Die Sehnsucht nach familiärer Stabilität und Solidarität wächst, gerade weil immer mehr junge Menschen erleben, wie Ehen zerbrechen, Familienbanden sich lockern und die Chancen auf dem Arbeitsmarkt schwinden.

Die Pille und die Sehnsucht nach Perfektion

Über ein halbes Jahrhundert nach ihrer Einführung ist die Pille das beliebteste Verhütungsmittel in Deutschland. Sie wird von 79 Prozent der sexuell aktiven 14- bis 17-jährigen Mädchen konsumiert[1] und gehört mittlerweile zu ihrem Leben wie das Handy, der Laptop oder das Markenkleid: «Ich kenne niemanden, der gegen die Pille wäre. Die Pille gehört einfach zu uns, die nimmt halt jeder. Ich glaube, es wäre komisch, wenn jemand sagen würde, ich nehme sie nicht, dann würden viele hellhörig werden und fragen: Wieso denn nicht, das ist ja vollkommen unnormal?» (Chiara L., 18 Jahre alt zum Zeitpunkt des Interviews am 5.8.2014)

Viele Verhütungsdragees tragen heute verspielt klingende Namen, die auf romantisch verzierten oder klassisch designten Schächtelchen ranken. Ihr Erscheinungsbild versetzt die Mädchen der dritten Pillengeneration ins Schwärmen. Ob individuell, sportlich oder karriereorientiert, für jeden Frauentyp scheint die entsprechende Pillensorte bereitzuliegen: «Ich finde meine Pillenpackung sehr schön. Sie ist zart geblümt und passt voll gut zu mir. Ich bin sehr stolz, wenn ich sie aus meinem Handtäschchen ziehe. Bei der Aufmachung kann ich mir einfach auch sicher sein, dass sie alle alten Pillen übertrifft.» (Lisa B., 15 Jahre zum Zeitpunkt des Interviews am 6.6.2014) Oftmals ist es das moderne Design der Verpackung, das viele der von mir befragten Mädchen zu der Annahme verleitet, das Medikament sei besonders gut erforscht und deshalb besser verträglich als frühere Pillen. Der äußere Schein reicht ihnen aus, um der darin enthaltenen Substanz zu vertrauen und die Packungsbeilage nicht weiter zu beachten.

Bejubelten ihre Großmütter einst die Leichtigkeit, die der Geschlechtsverkehr dank der unkompliziert gewordenen Verhütungspraxis gewonnen hatte, so stellten sie das bedenkenlose Konsumieren von Hormonen auch bald infrage. Unter ihren Enkelinnen hingegen war nur ein einziges von 196 befragten Mädchen, das sich mit möglichen Nebenwirkungen kritisch befasst hatte: «Ich habe lange überlegt, ob ich die Pille überhaupt nehmen soll. Denn als ich mir den Beipackzettel durchlas, wurde mir schlecht: Kopfschmerzen, Übelkeit, Müdigkeit, Gewichtszunahme, Depressionen, Thrombose, Herzinfarkt, Krebs … Es waren so viele Nebenwirkungen aufgeführt. Trotzdem entschied ich mich dafür, habe aber am Anfang scharf darauf geachtet, was die Hormone in mir auslösen.» (Virginia K., 15 Jahre alt zum Zeitpunkt des Interviews am 3.3.2014) Die anderen Mädchen konnten mir keine einzige gesundheitsschädigende Nebenwirkung nennen – angeblich hatte sie kein Mediziner aufgeklärt. Die meisten Mädchen erinnerten sich auch nicht an Fragen des Arztes oder der Ärztin bezüglich Krankheiten oder Thrombosefällen in der Familie. Die von mir befragten Gynäkologen hingegen versicherten mir, alle jungen Mädchen und Frauen über die Risiken und Nebenwirkungen aufzuklären.

Die 15-jährige Melanie P. ging in Begleitung ihrer besten Freundin zur Ärztin und ließ sich die Pille ohne das Wissen ihrer Eltern verschreiben. Das Mädchen raucht, weiß aber nichts von dem erhöhten Risiko als Raucherin und Pillennutzerin, an einer Thrombose zu erkranken: «Weißt du, ob Rauchen einen Einfluss auf die Pille hat?» «Ja, das hab ich mal gehört, aber meine Frauenärztin hat jetzt nicht gesagt, du musst aufpassen, weil du rauchst und die Pille nimmst.» «Meinst du, es ist gut, dass du rauchst und die Pille nimmst?» «Nein, denn dann ist die Pille nicht mehr zu 100 Prozent sicher, und eigentlich wäre es besser, zusätzlich noch mit Kondom zu verhüten.» (Melanie P., 15 Jahre alt zum Zeitpunkt des Interviews am 5.9.2014)

In der dritten Generation ist es so normal für minderjährige Mädchen, die Pille zu nehmen, dass es unter Jugendlichen nahezu absurd erscheint, wenn jemand die Pille für sich ablehnt. Wer sie mit 16 Jahren noch nicht schluckt, wird schnell zur Exotin: «Ich habe mit 14 angefangen, die Pille zu nehmen, weil alle sie genommen haben. Wenn du sie nicht nimmst, bist du ein Außenseiter, weil all deine Freundinnen sie nehmen und es irgendwo auch unheimlich erwachsen aussieht, die Pille zu nehmen.» (Franziska V., 15 Jahre alt zum Zeitpunkt des Interviews am 5.9.2014)

Der offene Umgang mit und die hohe Akzeptanz von Jugendsexualität in der Gesellschaft ermöglichen es Jugendlichen heute, sexuelle Beziehungen einzugehen, sobald das Bedürfnis danach in ihnen geweckt ist. Und viele Mütter drängen frühzeitig darauf, dass ihre Töchter die Pille nehmen, noch lange bevor der erste Geschlechtsverkehr ansteht: «Kim darf die Pille nehmen, seitdem sie 13 ist. Sie hat zwar noch keinen Freund, aber bekomme ich mit, wenn sie ihn hat und zum ersten Mal mit ihm schläft? Wenn ich wüsste, dass sie verantwortungsvoll genug ist, die Pille einzunehmen, sobald es tatsächlich zum ersten Geschlechtsverkehr kommt, dann würde ich ihr sagen, komm, nimm sie erst später, wenn du sie wirklich zur Verhütung brauchst, und nicht jetzt schon prophylaktisch.» (Nadine S., Mutter einer 14-jährigen Tochter, Interview am 21.8. 2012)

Für die meisten Mädchen ist die erste gynäkologische Untersuchung zu einem Ritual geworden, das am Ende mit dem begehrten Pillenrezept belohnt wird. Dabei ist die Pille vor allem deshalb die erste Wahl in Sachen Verhütung, weil sie so bequem ist: «Man wirft sie einfach nur ein, und alles ist gut.» (Melanie P., 16 Jahre alt zum Zeitpunkt des Interviews am 5.9.2014) Als häufigste Gründe für die Verordnung der Pille an Jugendliche gaben die von mir befragten Frauenärztinnen an, dass viele Mädchen zwischen 13 und 15 Jahren an Menstruationsbeschwerden oder Hormonstörungen leiden, die zu unregelmäßigen Blutungen führen. In diesen Fällen werde die Pille verschrieben, um die Schmerzen zu lindern oder den Mädchen eine Regelmäßigkeit in Bezug auf ihren Zyklus zu verschaffen, sodass die Mädchen ihr Leben danach ausrichten können: «Vorher überraschten mich meine Tage immer, weil ich niemals wusste, wann sie kommen. Jetzt aber weiß ich, wann ich schwimmen gehen kann und wann nicht. Das ist perfekt, um alles planbar zu machen.» (Xenia S., 14 Jahre alt zum Zeitpunkt des Interviews am 3.3.2014)

Oft wird die Pille auch bei unreiner Haut oder Akne verschrieben. Die kosmetischen Motive für das Ausstellen eines Rezeptes werden mit der Gefährdung des Selbstwertgefühls begründet. Denn viele Mädchen schränken ihre sozialen Kontakte ein und trauen sich teilweise nicht aus dem Haus, weil sie sich mit Pickeln weniger attraktiv finden – und ihr Äußeres ist ihnen enorm wichtig: «Wer jetzt sagt, es ist egal, wie er aussieht, nur der Charakter zählt, der sagt nicht die Wahrheit.» (Lisa B., 16 Jahre alt zum Zeitpunkt des Interviews am 6.6.2014)

Aber es sind nicht nur die positiven Effekte auf die Haut, die die Mädchen dazu veranlassen, nach einem Rezept für die Pille zu fragen. Die Mehrheit der befragten Gynäkologen berichtet von einer seit Jahren zunehmenden Anzahl an Mädchen, die in ihre Sprechstunden kommen und nach der Pille für seidiges Haar, zum Abnehmen oder zur Brustvergrößerung fragen. Sie interessiert dabei nicht, ob die enthaltenen Hormone ihren Körper fremdbestimmen oder schädlich wirken könnten. Sie sind unkritisch im Umgang mit Hormonen und fordern vollkommen selbstverständlich die Pille, mit der sie alles beeinflussen können: das Aussehen, das Körperwachstum und die schnelle Hilfe bei Schmerzen während der Periode.

Im Zuge meiner Recherchen fragte ich insgesamt 196 Mädchen zwischen 14 und 18 Jahren aus ganz Deutschland, was die Pille bewirken soll. Kein einziges dieser Mädchen beschränkte das Medikament auf seine Funktion als Verhütungsmittel, und alle waren von der verschönernden Wirkung überzeugt. Ein Drittel der 14- und 15-Jährigen konsumiert die Pille sogar ausschließlich als Schönheitsdragee, obwohl diese Mädchen noch gar nicht an Verhütung dachten, sondern in ihr ein Wundermittel sahen, das den eigenen Körper zu formen vermag. Ein Mädchen wusste nicht einmal von der verhütenden Wirkung. So erzählte mir diese 16-jährige Gymnasiastin, sie habe die Pille mit 14 Jahren aufgrund ihrer unreinen Haut verschrieben bekommen: «Als ich dann einen Freund hatte, verhüteten wir mit Kondomen, weil die Pille für mich gar kein Verhütungsmittel war, sondern das Mittel für schöne Haut.» (Lena L., 16 Jahre alt zum Zeitpunkt des Interviews am 3.3. 2014)

In jeder Schulklasse traf ich Mädchen, die davon überzeugt waren, dass die Pille ihnen auch zu einem größeren Busen verhelfen könne: «Ich hätte gern die Pille meiner Freundinnen, weil sie größere Brüste davon bekommen haben: von Körbchengröße A auf C.» (Lisa M., 15 Jahre alt zum Zeitpunkt des Interviews am 3.3.2014) Und ein anderes Mädchen berichtete mir: «Ich nehme die Pille erst seit Kurzem, weil mich meine unreine Haut stört und ich endlich schöne Haut haben will. Ich finde auch, dass meine Brüste zu klein sind. Mal schauen, vielleicht werden sie damit ein bisschen größer. Ansonsten wechsele ich das Präparat einfach noch mal.» (Laura D., 16 Jahre alt zum Zeitpunkt des Interviews am 3.3.2014) Außerdem wussten die Mädchen von Pillen zu berichten, die angeblich einen Diät-Effekt aufwiesen.

Einig waren sich fast alle Mädchen darüber, dass die Pille die beste Möglichkeit dafür sei, um auf schnellem Wege für ein besseres Selbstwertgefühl zu sorgen: «Wenn sich Mädchen mit der Pille schöner fühlen, dann sollen sie die unbedingt nehmen, denn dann fühlt sich das Mädchen auch besser, und das ist Grund genug.» (Marlene W., 16 Jahre alt zum Zeitpunkt des Interviews am 5.4.2014) Viele der befragten Mädchen sahen in der Pille auch die Möglichkeit, ihre soziale Stellung zu verbessern: «Warum soll man als Mädchen leiden, wenn man Pickel hat? Das zerstört doch das Selbstbewusstsein. Mit der Pille aber kann man sich beliebter machen, indem man einfach gut aussieht und zum Club dazugehört.» (Nadja C., 14 Jahre alt zum Zeitpunkt des Interviews am 5.4.2014)

Doch nicht nur Attraktivität und Schönheit soll die Pille herbeizaubern. Auch zyklusabhängige Stimmungen wie Gemütsschwankungen, Gereiztheit und Nervosität können sich durch die Einnahme verbessern, in vielen Fällen sogar vollkommen verschwinden, weil eine bestimmte Hormonzusammensetzung die seelische Balance wiederherzustellen vermag. Manche Mädchen und Frauen genießen diesen Effekt, weil sich ihr Wesen somit in eine Richtung verändert, die von anderen eher gewünscht und akzeptiert wird: «Seit ich die Pille nehme, sind nicht nur meine Pickel weg, sondern ich bin auch ausgeglichener, nicht mehr so trotzig wie andere Mädchen in meinem Alter.» (Anne S., 16 Jahre alt zum Zeitpunkt des Interviews am 3.3.2014)

Eine Gymnasiastin verkündete mir sogar, mit der Pille könne man die Pubertät beschleunigen, um schneller erwachsen zu werden und somit die unangenehmen Begleiterscheinungen der Reifezeit nicht länger ertragen zu müssen: «Man kann die Pubertät sogar überspringen, denn man ist stimmungsmäßig mit Pille nicht mehr so zickig. Man hat keine Pickel mehr, und die Brüste wachsen schneller. Natürlich geschieht das alles künstlich, durch die Hormone, aber das ist doch ziemlich egal. Hauptsache, es passt, und man ist schnell erwachsen.» (Laura D., 16 Jahre alt zum Zeitpunkt des Interviews am 3.3.2014) Nach Meinung der Mädchen verschönert die Pille nicht nur den Körper, sondern modelliert nebenbei auch noch die Persönlichkeit. Das alles passiert von allein, ohne dass die Mädchen sich anstrengen müssen, um die erwünschten Veränderungen herbeizuführen.

In den USA wurden bereits Pillen zugelassen, die die monatliche Regelblutung komplett abschaffen. Und auch in Deutschland greifen viele Frauen seit Jahrzehnten zu einem Trick, um ihre Periode um ein paar Tage zu verschieben oder ihre Blutungen ganz einzustellen: Sie nehmen die Pille durchgehend ein und betreiben somit eine Art «Menstruations-Management». Auch die 16-jährige Lisa K. schluckt die Pille schon seit zwei Jahren ohne Unterbrechung: «Man hat dadurch viel mehr Freiraum und ist unabhängig in seiner Lebensgestaltung, weil man selber entscheiden kann, ob man seine Tage bekommen möchte oder nicht. Und auch in der Beziehung sind die Tage beim Sex nicht mehr hinderlich.» (Lisa K., 16 Jahre alt zum Zeitpunkt des Interviews am 3.3.2014) In einer Welt, in der Schönheit und Perfektion gefragt sind, ist es von vielen Mädchen nicht erwünscht, einmal im Monat die Periode zu bekommen. Hier verschafft die Pille Abhilfe, die durchgehende Einnahme erspart die leidige Menstruation. Die publizierten Studien haben bisher keine gesundheitsschädigende Wirkung feststellen können, sodass aus medizinischer Sicht nichts gegen die Methode, die Pille durchgehend zu konsumieren, spricht: Die Organe bleiben gesund, und auch die Fruchtbarkeit wird nicht nachhaltig geschädigt.[2]

Die meisten Mädchen berichteten über Konflikte mit ihren Müttern, denn viele Pillennutzerinnen der zweiten Generation, die die Pille als Jugendliche einst noch gefeiert hatten, zeigen sich plötzlich so kritisch wie ihre eigenen Mütter der ersten Generation. Stefanie S., Mutter einer 15-jährigen Tochter, fasste zusammen, was auch der Meinung anderer Mütter entsprach: «Für mich ist es natürlicher und freier ohne Pille. Ich kann über meinen Zyklus und mein Dasein selbst bestimmen. Ohne Pille weiß ich genau, wie mein Zyklus aussieht, dass ich an bestimmten Tagen fruchtbar bin und an anderen eben nicht. Das ist für mich Freiheit. Für meine Tochter ist Freiheit die perfekte

Vollkommenheit, weil sie Erfolg verspricht. Sie kann sich einfach nicht so annehmen, wie sie ist, mit ihren Brüsten, die sie nun mal hat, oder mit ihrem Gewicht. Warum macht sie keinen Sport? Oder isst einfach weniger? Stattdessen will sie alles einfach und schnell.» (Stefanie S., Mutter einer 15-jährigen Tochter, Interview am 27.3.2014)

Da einem Mädchen, das unter seinen pubertätsbedingten Hautunreinheiten leidet, die Sprüche nicht helfen, sie müsse da «irgendwie durch», ist es zunächst nicht verwerflich, ihr mit Kombinationspillen zu helfen, sich ein besseres Hautbild zu verschaffen. Die Welt um uns herum wirkt oft so schillernd und perfekt, dass sich kaum jemand diesem Schönheitsdruck entziehen kann – auch wenn bekannt ist, dass die Frauen auf Plakaten und in Zeitschriften mithilfe von Bildbearbeitungsprogrammen nachträglich regelrecht modelliert werden. Der Anteil von Schönheitsoperationen am Gesamtaufkommen plastisch-chirurgischer Operationen beträgt heutzutage bereits 30 Prozent. Hiervon entfallen wiederum 1,3 Prozent auf Eingriffe bei Minderjährigen.[3] Die Gruppe der Mädchen und Jungen, die schon einmal an eine Schönheitsoperation gedacht haben, soll aber weit größer sein: Schönheitschirurgen erleben seit Jahren, dass Teenager in ihre Praxis kommen, weil sie ihren Körper verschönern wollen.

Schönheit nach Maß bis ins hohe Alter hinein und ein ewiges Streben nach der perfekten, jugendlichen Erscheinung sind Tendenzen, die immer weiter ansteigen:[4] «Das eigene Aussehen ist mir schon wichtig. Man muss sich wohlfühlen. Ich achte sehr darauf, was ich trage, bin nie ungeschminkt. Meine Haut ist dank der Pille samtweich. Wenn ich jetzt noch eine gerade Nase und vollere Lippen hätte, wäre das Bild vollkommen. Aber man kann ja nicht alles haben.» (Melanie P., 15 Jahre alt zum Zeitpunkt des

Interviews am 5.9.2014) Dementsprechend sind die Erwartungen an die Pille hoch: Mit ihrer Hilfe soll kosmetisch Unvollkommenes beseitigt werden, sodass kein Mädchen und keine Frau mehr unter ihrem Äußeren leiden muss. In der dritten Generation sind also viele der – positiven – Nebenwirkungen erwünscht und werden von dem Medikament regelrecht erwartet. Die Pille ist multifunktional geworden: Sie dient als Verhütungsmittel und zugleich als Kosmetikum.

Pillenwerbung für mehr Lifestyle

Dass die Pille schön und schlank machen soll, hören die Mädchen meistens von ihren Freundinnen. Diese aber können sich oft nicht mehr daran erinnern, woher sie ihre Informationen haben. Nachrichten über die Wunderwirkungen der Pille verbreiten sich seit über zehn Jahren wie ein Lauffeuer durch Klassenräume, Pausenhöfe und Mädchenzimmer, und so gibt es nur wenige 13- und 14-Jährige, die noch nicht von ihren verschönernden Möglichkeiten gehört haben. Die Pharmaindustrie hat Mädchen und junge Frauen längst als lukrative Käuferschicht erkannt. Sie bewirbt Mädchensprechstunden und hält als Zusatz zur ersten Pille ein Geschenk bereit. Ob Schminketuis, Taschenspiegel, Täschchen oder Schlüsselanhänger – die Pharmakonzerne lassen sich viel einfallen, um neue Anwenderinnen an ihr Produkt zu binden.

Wer aber hat die Geschichten über die positiven Nebenwirkungen der Pille gestreut? Die Marketingabteilungen der Pharmafirmen waren zumindest nicht die Ersten, die der Öffentlichkeit mitteilten, dass die Pille weit mehr als nur verhüten kann. Bereits 1977 war in einem Artikel im

Spiegel zu lesen: «Außer Unbehagen und Unverträglich-
keitssymptomen haben die Ovulationshemmer auch noch
einiges anderes bewirkt: Sie haben den Brustumfang der
Frauen, die sie benutzen, durchschnittlich um einen Zenti-
meter erweitert.»[1] In dem *Spiegel*-Bericht äußerte sich ein
Frauenarzt zu weiteren positiven Nebenwirkungen und
stellte die Lifestyle-Effekte in den Vordergrund: «Das
Östrogen und die Hormongruppe der Gestagene in den
Pillen können übermäßige und irreguläre Monatsblutun-
gen verhindern. Sie können die gefürchteten Spannungs-
zustände vor dem Beginn der Regel mildern oder ganz beseitigen. Sie können die Pickel der Akne vulgaris zum Verschwinden bringen.» Und weiter heißt es: «Oft wird die
Pille ausschließlich wegen dieser Nebenwirkungen verordnet bei Frauen, die gar keine Kontrazeption brauchen oder
wünschen.»[2] Die Pille als Lifestyle-Mittel fand also in der
Presse bereits zu einem Zeitpunkt ihre wirksame Verbreitung, als die Marketingabteilungen der Pharmaindustrie
diese Themen noch gar nicht in den Vordergrund stellten.

Erst zehn Jahre später wurde von dem Pharmakonzern
Schering ein neues Konzept zur Einführung neuer Pillensorten angewandt, das sich von da an nicht mehr auf das
Fachpublikum beschränkte. Zwar erlaubt es das Heil-
mittelwerbegesetz nicht, verschreibungspflichtige Medikamente in der Öffentlichkeit zu bewerben – Werbung darf
nur gegenüber Ärzten oder Apothekern stattfinden –, doch
handelt es sich offiziell nicht um Reklame, wenn in einer
Anzeige der Produktname nicht genannt wird, sondern lediglich deutlich wird, dass ein Präparat von einem bestimmten Hersteller stammt.

Schering brachte die Pille *Femovan* 1987 auf den Markt
und schaltete zum ersten Mal in Frauen- und Mädchenzeitschriften ganzseitige, in den Farben der Pillenpackung

gehaltene Anzeigen, die zwar weder den Namen des Präparats verrieten noch das Produkt direkt bewarben, aber Fragen zur Sexualität und Empfängnisverhütung streiften. Diese Anzeigen wirkten wie redaktionelle Artikel mit Inhalten wie «Stress vorm ersten Mal?» oder «Darf eigentlich mein Freund mit zum Frauenarzt?» Die Artikel wurden durch den klein gedruckten Hinweis «Anzeige» gekennzeichnet, und der Verfasser erschien oben rechts in Großbuchstaben: SCHERING. So war es möglich, das Pillenpräparat ausfindig zu machen, wenn man dem Namen des Pharmaunternehmens und der Farbaufmachung folgte.[3]

Außerdem ließ Schering an die niedergelassenen Frauenärzte eine Tonbandkassette mit dem Titel «Falling in love – dem Körper zuliebe» verteilen, die mit der ersten Pillenpackung von *Femovan* überreicht werden konnte. Auf der Kassette ertönte eine von Musik unterlegte Mädchenstimme, die Folgendes berichtete: «*Femovan* – die so wenig wie möglich Hormone enthält», «Nebenwirkungen sind bei *Femovan* kaum da, da läuft in deinem Körper alles so normal wie möglich», «Beschwerden, die du hast, können auch seelische Ursachen haben» und «Wichtig ist es schon, die richtige Pille zu nehmen.»[4] Mit diesen Kampagnen, die sich direkt an Mädchen und junge Frauen richteten, rollte die Pille wie selbstverständlich in das Leben eben dieser Frauen und hob sich von den 54 Pillensorten, die auf dem Markt existierten, ab. Der Schering-Produktmanager bei Pharma Deutschland kommentierte damals: «Bei der Vermarktung eines neuen oralen Kontrazeptivums auf dem deutschen Markt, auf dem sich bereits 54 Präparate befinden, von denen sieben durch unsere Konkurrenten ganz massiv beworben werden, muss man neue Wege gehen.»[5]

1978 erschien die erste Pille auf dem westdeutschen Markt, die speziell gegen «Vermännlichungserscheinun-

gen» und Akne eingesetzt wurde.[6] Das war die Geburtsstunde der multifunktionalen Pille. In ärztlichen Fachzeitschriften wurde sie zunächst noch neutral beworben
und für Frauen mit klinischen Formen der Hautkrankheit
Akne empfohlen. 1994 aber änderte sich die Werbung der
Pillenmarke: Plötzlich hieß es, dass diese Pille mehr könne,
als nur eine Therapie gegen Akne zu sein, denn ihre zusätzliche Wirkung bestehe darin, das Selbstbewusstsein der
Konsumentinnen zu steigern.

Die Werbung richtete sich nun an alle Frauen mit Hautproblemen – egal, ob es sich um eine klinische Form der
Akne handelte oder lediglich um Mitesser und normale Pubertätspickel. Mit dem speziellen Pillenpräparat konnte
sich nun jede Frau in ihrer Haut wohlfühlen. Der Konzern
sprach davon, dass das Arzneimittel «mehr als Aknethera-
pie» sei und die «Wechselwirkung Selbstbewusstsein» be-
sitze.[7] Er bewarb sein Produkt in medizinischen Fachzeitschriften mit dem Foto einer offensichtlich glücklichen
Frau, die von einem Mann geküsst wurde. Die Darstellung
vermittelte den Eindruck, die Pille habe dieser Frau zu ihrer
Attraktivität verholfen und somit ihr Liebesglück gerettet.[8]

Damit brach das Zeitalter an, in dem immer mehr Pillensorten auf den Markt kamen, die sich an bestimmte
Frauentypen in ihren jeweiligen Lebenslagen richteten und
ihnen mehr Lebensqualität versprachen. Diese Entwicklung traf den Zeitgeist, denn gleichzeitig erfuhren auch andere Lifestyle-Medikamente einen großen Aufschwung.
Glaubt man der Pharmaindustrie, dann gehören Sorgen
wie zu viele Pfunde auf der Waage, Glatzen und Impotenz
seit Mitte der 1990er Jahre der Vergangenheit an. Mit Medikamenten wie *Xenical*, *Propecia* und *Viagra*[9] kamen Präparate auf den Markt, die die äußere Erscheinung verschönern und die sexuelle Leistungsfähigkeit steigern sollten.

Standen bei der Antibabypille anfangs noch Themen wie Sicherheit, Zuverlässigkeit und der Stand der Forschung im Vordergrund, ging es nun auch um die Optimierung der Lebensqualität. Die für die Pillenwerbungen verwendeten Fotos in Fachzeitschriften zeigten die verschiedensten Frauen: die schlanke, modische Frau, den sportlichen Typ, die konsumorientierte Frau, umringt von Einkaufstüten, Mädchen beim Tennisspielen, Jugendliche auf einer Cocktailparty, erotisch anmutende Pärchen oder Frauen, die sich lasziv rekeln. Die Pille stand für individuelles Lebensglück. Sie beschränkte sich nicht mehr allein auf die verhütende Wirkung, sondern suggerierte, auch die psychischen Befindlichkeiten und die soziale Stellung der Frau beeinflussen zu können.

Viele Ärzte entnehmen die Informationen, die sie an ihre Patientinnen weiterreichen, Medizinjournalen. Sobald eine neue Pille auf dem Markt erscheint, werden die Produktangaben des Konzerns in diversen Fachzeitschriften abgedruckt. Am 15. November 2000 hieß es zum Beispiel in der Produktinformation einer neuen Pille, sie beinhalte «sogar die Möglichkeit zur Gewichtsabnahme».[10] Im *Speculum – Zeitschrift für Gynäkologie und Geburtshilfe* stand: «Das klinische Profil des Präparates zeichnet sich aus durch eine vor allem am Beginn der Einnahme bemerkenswerte Reduktion des Körpergewichts.»[11] Entsprechend verschrieben einige Frauenärzte das kleine Dragee mit dem Hinweis auf diesen Effekt. Auch Tageszeitungen verbreiteten die attraktivitätssteigernde Wirkung der Pille. So berichtete die *B. Z.*: «Neue Antibabypille macht sogar schlank.»[12] Und die *taz* meldete einen Tag später unter der Überschrift «Anti-Baby-Pille goes Lifestyle», dass sie «schlanker und fitter machen soll».[13]

Die Wege der Verbreitung sind vielfältig. Auch in Internetforen unterhalten sich Mädchen und Frauen über Verhütung und preisen bestimmte Pillensorten an. Auf der Internetplattform *Planet-Liebe* zum Beispiel schwärmen junge Frauen von den neuesten Sorten: «Seit noch nicht ganz einem Monat nehme ich die Y. Und jetzt geht das wie von allein. Von gestern auf heut hab ich 600 Gramm abgenommen.» (Userin auf Forum *Planet-Liebe*, 5.7.2006) Eine andere Diskussionsteilnehmerin schwört auf eine andere Pillensorte und ihre sagenhaften Fähigkeiten, dem Traum der schlanken Linie näher zu kommen: «Als ich mit der M. angefangen habe, habe ich innerhalb von knapp 3 Monaten 10 kg abgenommen, ohne irgendwas dafür zu tun.» (Userin auf Forum *Planet-Liebe*, 5.7.2006) Auch in den Interviews berichteten mir viele der Mädchen, dass ihre Informationen aus dem Internet stammten.

Die BUKO Pharma-Kampagne aus Bielefeld spürt seit Jahren versteckte Werbung auf: Suchte man 2007 im Internet nach Informationen zur Verhütung und gab das Stichwort «Pille» bei Google ein, so erschien unter anderem ein Link zu dem Internetauftritt der Firma Grünenthal.[14] Auf der verlinkten Seite wurde ein Präparat vorgestellt, das gerade junge Mädchen, die noch kein Verhütungsmittel benötigen, dazu animieren sollte, das Produkt trotzdem – wegen seiner positiven Wirkung auf Haut und Haare – anzuwenden. So hieß es gleich auf der Startseite: «Wusstest du, dass es Mikropillen mit Beauty-Faktor für die Haut gibt?»[15] Des Weiteren wurde eine günstige Wirkung auf fettige Haare und Schuppen versprochen: «Wer das Problem von innen angehen will, findet auch hier Hilfe bei bestimmten Pillen. Diese speziell designten Mikropillen machen nicht nur den Teint rosig, denn die überhöhte Talgproduktion wird natürlich auch auf der Kopfhaut reduziert.

Das Ergebnis: fülliges, glänzendes Haar, das nicht mehr so leicht nachfettet!»[16] Mit dem Argument, dass diese Informationen einer Verabreichung des Medikaments eindeutig Vorschub leisteten, Schönheit zudem keine zugelassene Indikation für Empfängnisverhütung sei, meldeten Mitarbeiterinnen der BUKO Pharma-Kampagne den Fall bei der Aufsichtsbehörde. Diese aber wollte zunächst keine Ordnungswidrigkeit feststellen und begründete dies damit, dass die Konkurrenzprodukte anderer Firmen im Internet ähnlich beworben werden.[17] Zwar existiert die Seite mittlerweile nicht mehr, doch ist es schwierig, einmal verbreitete Informationen wieder aus dem Gedächtnis zu löschen.

Manche Frauen leiden kurz vor ihrer Regelblutung unter Reizbarkeit, Müdigkeit, Bauchschmerzen und Stimmungsschwankungen. In seltenen Fällen werden diese Beschwerden so stark, dass der Tagesablauf beeinträchtigt ist (Prämenstruelles Syndrom/PMS). Die Firma Jenapharm warb im Internet mit einem ganz besonderen Service: Frauen konnten sich täglich ihr persönliches «PMS-Risiko» ausrechnen lassen. Das Ergebnis war mit dem Hinweis versehen, die Pille könnte die Beschwerden «beseitigen oder zumindest vermindern».[18] Als ich mir im Dezember 2007 mein «PMS-Risiko» ausrechnen ließ, erschien nach der Auswertung meiner Angaben folgender Text: «Sie befinden sich in der 2. Woche Ihres Regelzyklus. In der 2. Zykluswoche startet der Körper eine vermehrte Östrogenproduktion. Östrogen, das weibliche Hormon, wird auch als das Glückshormon oder Stimmungshormon der Frau bezeichnet. So ausgerüstet, sind Sie besonders aktiv, leistungsfähig und unternehmungslustig. Haben Sie neue Pläne? Dann starten Sie jetzt mit der Realisierung. Bei Frauen, die mit einer Pille verhüten, bleibt diese Leistungsfähigkeit den ganzen Zyklus über erhalten. Dafür sorgt der durch die Pilleneinnahme konstante Östrogenspiegel.»[19] Es gibt also für alles eine medikamentöse Lösung, und das Ideal, stets leistungsfähig zu sein, scheint dank der Pille möglich. Keine Frau muss auch nur einen einzigen schlechten Tag ertragen – mit der geeigneten Pille wird jeder Tag perfekt.

Als 2009 die Antibabypille *Qlaira* von Bayer auf den Markt kam, wurde sie von der Presse gefeiert und bejubelt. Aussagen wie «erste Antibabypille mit natürlichen Hormonen»[20] oder die erste «Pille komplett ohne Chemie» als «Alternative zur hormonellen Verhütung»[21] füllten die Schlagzeilen. Tatsächlich war *Qlaira* die erste Antibabypille, die nicht mehr das vorher übliche künstliche Östrogen Ethinylestradiol enthielt, sondern stattdessen Estradiolvalerat, ein Östrogen, welches in das bei der Frau natürlich vorkommende Estradiol umgewandelt wird. Trotzdem beinhaltet diese Pille auch weiterhin ein künstliches Hormon, nämlich das Gestagen Dienogest, ist also nach wie vor chemisch. Auf der Internetseite dieser Pillensorte konnte man einen Persönlichkeitstest durchführen, um zu erfahren, welcher «Lebenstyp» man ist. Ich führte diesen Test im Dezember 2012 durch und erhielt am Ende meine persönliche Auswertung: «Du liest die Zeichen Deines Körpers wie ein Buch, niemand kennt Dich so gut wie Du selbst. Um diese innere Ausgeglichenheit zu halten, lebst Du ganz nach dem Grundsatz ‹Ein gesunder Geist wohnt in einem gesunden Körper.› Ob Yoga, Kamasutra oder Fengshui – Du kennst Dich aus bei allem, was guttut. Beim Sex bist Du Neuem ebenfalls nicht abgeneigt – allerdings nur, solange es im Einklang mit Deinem Körper ist. Bei Deiner Verhütung legst Du großen Wert auf gute Verträglichkeit.»[22]

Auch in Mädchenzeitschriften finden sich Informationen über die Wirkung der Pille, insbesondere ihre verschönernden Effekte. Sie stammen nicht aus der Feder der Pharmaindustrie, sondern von Redakteuren und Leserinnen. In der *Jolie* hieß es über eine bestimmte Pillensorte: «Wie so oft hilft auch die C. bei Hautproblemen. Manche Verwenderinnen berichten davon, dass ihr Busen gewachsen sei.»[23] In *Bravo Girl* fragt ein 16-jähriges Mädchen die Psychologin der Rubrik «Body & Soul», ob sie eine Einwilligungserklärung ihrer Eltern brauche, um sich die Pille verschreiben zu lassen. Die Redakteurin beantwortet die Frage und fügt hinzu: «Der Arzt wird dich auch beraten, welche Pille für dich die richtige ist – frag ihn doch nach den neuen Präparaten, die gut für die Haut sind und nicht dick machen.»[24]

In der Zeitschrift *Mädchen* veranstaltete eine Pillenmarke ein Preisausschreiben, bei der es Bettwäsche mit Rosenmotiven zu gewinnen gab. Rosen sind zugleich das Markenzeichen dieser Pillensorte, und die erste Pillenpackung kann vom Arzt mit einem Rosendöschen überreicht werden. Anscheinend sollen sich Mädchen, die diese Pille nehmen, wie auf Rosen gebettet fühlen, aber auch die Siegerinnen des Preisausschreibens dürfen dieses Gefühl in ihrer gewonnenen Rosen-Bettwäsche erleben. Gleichzeitig wurde den Mitwirkenden nahegelegt, auf die angegebenen Internetseiten zu klicken, um an Informationen zum Thema Verhütung zu gelangen.[25] Bei der Website handelte es sich um den Internetauftritt des Pharmakonzerns, der die Pillensorte anbot. Dieselbe Pillenmarke veranstaltete in der Zeitschrift *Sugar* eine Verhütungsumfrage und veröffentlichte die Ergebnisse ebenfalls mit dem Hinweis, sich bei Bedarf nach mehr Informationen über Sexualität und Verhütung auf ihrer Seite zu erkundigen.[26]

Im ersten Jahrzehnt des 21. Jahrhunderts schoss die Werbung der Konzerne oft weit über ihr Ziel hinaus, um sich von anderen Produkten abzuheben: «Welche Pille verhütet ganz sanft, ist leicht und macht dabei schön? Die neue Pille mit Herz», «sanfte, sichere Pille für junge Mädchen und Frauen» mit «positiven Auswirkungen auf Haut, Haare und Figur», «Beauty-Effekt», «Feel-good-Faktor», «Figur-Bonus»[27] oder «Die Pille, mit der man sich sehen lassen kann»,[28] «Pille für die Schönheit … Schönes, volles Haar sind Ausdruck von Attraktivität und Weiblichkeit. Und frau fühlt sich wohl in ihrer Haut, kann selbstbewusst und mit sich zufrieden sein. (…) Zusatzeigenschaften, die Frauen strahlen lassen».[29] Das alles sind Verheißungen, die im Netz nicht mehr zu finden sind (Stand März 2015), sich aber bis heute in den Köpfen der Mädchen und jungen Frauen halten.

Viele Internetseiten der Pharmakonzerne waren bis 2012 zielgruppenorientiert aufgebaut. Sie richteten sich mit ihrer poppigen Aufmachung offensichtlich an Jugendliche und verwendeten deren Sprache. Dabei stellten sie aber weniger die Informationen in den Vordergrund, welchen Nutzen das Medikament erfüllt und welche negativen Nebenwirkungen es auslösen kann, sondern eher die Vermittlung eines Lebensgefühls: Versprechungen wie «schöne Haut» oder «schönes Haar» versteckten sich geschickt hinter Schminktipps oder Informationen über die Liebe. Möglicherweise ist es den vielen kritischen Beiträgen in Zeitungen und Fernsehmagazinen zu verdanken, dass die Internetauftritte der Pharmaindustrie seit 2012 sachlicher geworden sind. Auch die Kampagnen der BUKO Pharma, die jede versteckte Werbung mit Lifestyle-Aspekten den Aufsichtsbehörden meldete, könnten zu einer Zurückhaltung der Konzerne geführt haben. Manche der alarmierten

Aufsichtsbehörden reagierten sofort und verlangten von der jeweiligen Firma eine Überarbeitung der Seite, die in die Kritik geraten war.

Neuerdings hat sich jedoch ein ganz neues Feld aufgetan, das nur schwer zu kontrollieren ist: Gibt man bei *YouTube* den Suchbegriff «Pille» ein, erscheinen private Werbefilme zur Antibabypille, zum Beispiel zum Produkt *Jubrele*.[30] Das Video wurde im Dezember 2013 veröffentlicht und bis Juni 2015 fast 12 000 Mal angeklickt. Darin erzählt eine Frau mittleren Alters über ihre Erfahrung mit dieser Pille: «Ich nehme sie jetzt schon drei Monate und kann sie nur empfehlen. Nebenwirkungen habe ich nur im positiven Sinne bemerkt, die Haare wachsen total schnell.» Unter ihrem Video finden sich Links zum Internetauftritt von *Jubrele* und zur Website des Pharmakonzerns Diagnostika (Stand Juni 2015). Die Frau aus dem Video ist eine professionelle «YouTuberin», die zum Teil Geld für ihre Internetauftritte bekommt und am Ende der Seite angibt, welche Kleidung sie von welchen Herstellern trägt. Von unabhängiger Information kann also keine Rede sein.

Das lukrative Geschäft mit der Pille

Pro Jahr werden bundesweit rund 20 Millionen Packungen der Antibabypille verkauft, die heute mit über fünfzig Sorten auf dem Markt vertreten ist. Fast die Hälfte der verordneten Produkte stammt aus der sogenannten zweiten Generation und gehört zu den sehr bewährten, mittlerweile kostengünstigen Pillen. Über sie wurden viele Studien erstellt, und ihr Risiko ist bekannt: Pillen dieser zweiten Generation weisen das geringste Thromboserisiko auf. Die absatzstärksten Präparate aber stammen aus der dritten und vierten Generation. Diese neuen Sorten, die teilweise auch Lifestyle und Lebensqualität versprechen, konnten sich gegenüber vielen ihrer Konkurrenzprodukte durchsetzen, und einige von ihnen sind seit Jahren die umsatzstärksten Pillenpräparate auf dem deutschen Markt.

Die öffentliche Darstellung der Antibabypille hat sich seit Mitte der 1990er Jahre drastisch verändert: Um sie besonders gut zu verkaufen, werden die Produkte stets als Neuheit beworben, und ihr werden Fähigkeiten zugeschrieben, die nichts mit Verhütung zu tun haben – im Vordergrund steht dabei oftmals die Schönheit. Jede einzelne Sorte soll mit ihrem speziellen Gestagen eine noch bessere Wirkung auf Haut und Haare haben. Damit trifft die Vermarktungsstrategie den Kern dessen, was junge Mädchen besonders interessiert. Denn gerade in der Pubertät ist es ihnen wichtig, gut auszuschen und eine gute Figur abzugeben – genau diese Aspekte scheinen mithilfe der Pille möglich zu werden.

Arzneimittel haben in Deutschland eine Patentlaufzeit von 20 Jahren, in denen allein der Hersteller den Preis bestimmt. Wenn ein Patent abläuft und somit auch andere Firmen die Möglichkeit haben, das Mittel nachzubauen und auf den Markt zu bringen, sinkt der Preis häufig drastisch. Somit lässt sich mit den Pillen älterer Generationen oftmals nicht so viel Geld verdienen. Allein als Konsequenz des Patentschutzes ist es für die Pharmaindustrie wichtig, neue Mittel auf den Markt zu bringen. Doch da bereits so viele konkurrierende Präparate existieren, bedarf es besonderer Anstrengungen, um das eigene Produkt auf dem Markt zu positionieren und von den anderen abzusetzen.[1]

Durch die regelmäßigen Besuche ihrer Vertreter stehen die Pharmakonzerne in Kontakt mit den Ärzten. Schätzungen zufolge kommt in Deutschland – mit circa 15 000 Pharmavertretern – auf fünfeinhalb niedergelassene Ärzte ein Außendienstmitarbeiter der Pharmaindustrie. Zwar gibt es keine zuverlässigen Daten, wie hoch die Gesamtausgaben für das Marketing ausfallen, doch geht man von 2,5 Milliarden Euro pro Jahr aus. Dabei fließt der größte Teil des Geldes in die Vertreterbesuche, in das Verteilen von Arzneimittelmustern und die Finanzierung von Fortbildungsveranstaltungen. Die Ausgaben für Marketing sind somit doppelt so hoch wie die für Forschung und Entwicklung.[2]

Auch der ehemalige Pharmareferent Klaus G. besuchte bis vor einigen Jahren täglich Frauenarztpraxen und pries die neuesten Pillensorten an. Gerade das Neue ließ sich besonders gut verkaufen, weil es schnell mit Innovation und besserer Verträglichkeit verwechselt wurde: «Damit gab es wieder die gute Möglichkeit, zu Ärzten zu gehen, über ein neues Produkt zu sprechen, es anzupreisen und Proben dort zu lassen. Alles, was neu auf den Markt geworfen wird, kann wieder neu dargestellt werden. Insofern ist der Neuigkeitswert ganz wesentlich im medizinischen Markt. Die Pillen mögen zwar alle nicht besser sein, aber das Neue ist immer wieder eine Botschaft wert und bedeutet auch immer wieder, dass sich Ärzte beeindrucken und beeinflussen lassen. Eigentlich gar nicht mehr notwendige Arzneimittel können wieder teuer verkauft werden.» (Klaus G., ehemaliger Pharmareferent, Interview am 1.12.2011)

Um Kundinnen zu gewinnen und, wenn möglich, an sich zu binden, gehen die Unternehmen zum Teil auch unkonventionelle Wege, wie Klaus G. mir berichtete: «Wir haben Ärzte motiviert, an sogenannten Beobachtungsstudien teilzunehmen. Das sind pseudowissenschaftliche Untersuchungen, bei denen Ärzten Geld dafür geboten wird, dass sie Frauen eine ganz bestimmte Pille verordnen und anschließend Daten sammeln, wie die Frau das Medikament verträgt. In Wirklichkeit waren wir an diesen Daten gar nicht interessiert.» (Klaus G., ehemaliger Pharmareferent, Interview am 1.12.2011)

Eine Studie der BARMER GEK untersuchte 2011 die Verschreibungspraxis der Ärzte gegenüber ihren Versicherten. Dabei fiel auf, dass immer mehr jungen Mädchen ein Rezept für eine der neuesten und damit auch teuersten Pillen ausgestellt wurde. Insgesamt konsumierten 3 bis 4 Prozent der 13-jährigen Mädchen die Pille, überwiegend der dritten oder vierten Generation, unter den 17-Jährigen waren es 60 Prozent und unter den 18-Jährigen 68 Prozent. Bis zum 20. Lebensjahr wird die Pille von den Krankenkassen bezahlt und darf auf Kassenrezept verordnet werden. Sobald das Mädchen seinen 20. Geburtstag feiert, muss es die Pille dann selbst bezahlen. Es handelt sich also um ein lukratives Geschäft für die Pharmaindustrie, die Mädchen frühzeitig für ihr Produkt zu gewinnen – wenn sie das Medikament noch nicht selbst bezahlen müssen und deswegen nicht auf die Kosten achten. Denn die erstverordnete Pille bleibt oft auch für die erwachsene Frau das bevorzugte Präparat. Schon aus medizinischen Gründen sollte ihr die Treue gehalten werden, sofern sie gut vertragen wird, weil ein Wechsel das Thromboserisiko erhöhen könnte.[3]

Um die Mädchen bereits früh an ihr Produkt zu binden, haben die Hersteller seit den Pillen der dritten und vierten Generation auch das Vermarktungskonzept verändert. Viele der Firmen verfügen über aufwendig produzierte Internetauftritte. Ein Pharmakonzern bot sogar den Service an, jeden Abend eine SMS an seine Nutzerinnen zu schicken, um sie an die Einnahme der Pille zu erinnern.[4] Die Packungen sehen bunter aus, und die Produkte tragen Na men, die verspielt klingen. Diese bunt geblümten Schachteln tragen dazu bei, dass bei den Mädchen und jungen Frauen das Gefühl entsteht, kein Medikament einzunehmen, sondern kleine, niedliche Zuckerpillen, die so ganz nebenbei auch für eine reinere Haut sorgen und den Teint zum Erstrahlen bringen. Das zusätzliche Geschenk in Form eines Schlüsselanhängers, Duschgels, Schminkspiegels, Täschchen oder Pinsels verstärkt dieses Empfinden noch und verführt zu einem leichtfertigen Umgang. Es verdrängt die Tatsache, dass bei dem Hormonpräparat auch mit Nebenwirkungen zu rechnen ist.[5]

5. Kleine Pille – große Wirkung

Wirkweise der Pille und verschiedene Pillentypen

Der Körper der Frau bildet die Hormone Östrogen und Gestagen, die unter anderem den Ablauf des Monatszyklus und den Verlauf einer Schwangerschaft regeln. Das Östrogen fördert die Reifung der Eizellen im Eierstock sowie den Eisprung und schafft damit die körperliche Voraussetzung dafür, schwanger zu werden. Sobald es zu einer Befruchtung der Eizelle kommt, produziert der Körper vermehrt das Gestagen Progesteron, das das Reifen weiterer Eizellen und einen erneuten Eisprung verhindert. Gleichzeitig schützen die Gestagene die befruchtete Eizelle, indem sie den Schleim in der Gebärmutter verdicken, den Gebärmuttermund verschließen und somit das Eindringen von Spermien verhindern, sodass der Embryo ungestört heranwachsen kann.

Die Wirkweise der Pille beruht darauf, dass sie in die physiologischen Abläufe des Körpers eingreift und dem Körper eine Schwangerschaft vorgaukelt. Die meisten Pillen enthalten sowohl ein künstliches Östrogen (Estrogen) als auch ein künstliches Gestagen (Gelbkörperhormon), mit deren Hilfe die Hirnanhangsdrüse dazu gebracht wird, ihre Tätigkeit zu drosseln. Die körpereigene Hormonproduktion wird somit gesenkt, und die Hypophyse vermittelt dem Eierstock, keine Eizellen mehr reifen zu lassen. Damit gibt es keine Eizelle, die befruchtet werden könnte, und eine Schwangerschaft wird nahezu unmöglich.[1] Zwar kommt es auch bei Pillennutzerinnen in jedem Zyklus zu einer Blutung, jedoch handelt es sich dabei um eine künstliche Blutung, die auch «Abbruchblutung» genannt wird.

Den Grundstein für die Erfindung der Pille setzte 1919 der Innsbrucker Physiologe Ludwig Haberlandt, indem er herausfand, dass hoch dosierte Hormone zu einer vorübergehenden Unfruchtbarkeit führen.[2] Später gelang dem deutschen Chemiker Hans Herloff Inhoffen und dem österreichischen Endokrinologen Walter Hohlweg die Synthese des ersten oral wirksamen Östrogens (Ethinylestradiol), das noch heute Bestandteil zahlreicher Antibabypillen ist.

Der Amerikaner Russell E. Marker trug maßgeblich zur Entstehung der Antibabypille bei, indem er nach Pflanzenwirkstoffen suchte, die sich chemisch in Sexualhormone umwandeln ließen. Seine Arbeit wurde von dem gebürtigen Österreicher Carl Djerassi und dem aus Polen stammenden Frank B. Colton, die beide in die USA emigriert waren, fortgeführt. Sie entwickelten – unabhängig voneinander – synthetische, oral aktive Gestagene. Den beiden amerikanischen Forschern Gregory Pincus und John Rock gelang es schließlich, das Kontrazeptivum aus der Wiege zu heben: Am 23. Juni 1960 wurde Enovid als erstes oral einzunehmendes Verhütungsmittel in den USA zugelassen. Dieser Meilenstein wäre jedoch ohne die Unterstützung der beiden Frauenrechtlerinnen Margaret Sanger und Katherine Dexter McCormick nicht möglich gewesen, denn nur durch ihre finanzielle Hilfe konnte Gregory Pincus seine Forschungen betreiben und die bahnbrechende Errungenschaft schnell zur Marktreife bringen.[3]

Ein gutes Jahr später konnte auch die Bundesrepublik

Deutschland mit ihrem ersten Pillenpräparat aufwarten. *Anovlar* basierte auf den Untersuchungen des belgischen Gynäkologen Ferdinand Peeters, der mit der Unterstützung des Pharmakonzerns Schering nach einem Mittel zur Empfängnisverhütung suchte und schließlich mit *Anovlar* einen Erfolg verzeichnen konnte.

Die ersten Pillen waren sogenannte Einphasenpräparate, bei denen die Anteile von Östrogen und Gestagen in jedem Dragee einer Monatspackung gleich waren. Diese Präparate gibt es noch immer, sie sind heute aber weit niedriger dosiert als noch Anfang der 1960er Jahre: Während die ersten Pillen 50 Mikrogramm des synthetischen Östrogens (Ethinylestradiol) aufwiesen, sind heute nur noch 20 bis 30 Mikrogramm enthalten.[4]

Obwohl schon im Laufe der 1960er Jahre die Hormondosierungen in den Einphasenpräparaten immer weiter gesenkt wurden, vertrugen viele Frauen das jeweils verwendete Gestagen nicht und klagten über Müdigkeit, Kopfschmerzen, Unwohlsein, depressive Verstimmungen oder den Verlust ihrer Libido. Die sogenannten Sequenzpräparate, die ab dem Jahr 1969 auf den Markt kamen, versuchten diese Probleme zu lösen, indem sie die Östrogen- und Gestagendosierungen während des Einnahmezyklus veränderten. So enthalten die Pillen von Sequenzpräparaten in der ersten Phase nur Östrogen und in der zweiten Phase das Östrogen kombiniert mit einem Gestagen. Dies führte zu einer besseren Verträglichkeit dieser Pillenpräparate. Anfang der 1970er Jahre kamen die ersten Minipillen auf den Markt, die nur aus einem künstlichen Gestagen bestehen, also frei von Östrogenen sind.[5]

Und die Forschung stand nicht still: Sie senkte die Dosis weiter und entwickelte die Zweistufenpille, die sich im Laufe des Zyklus hormonell aufbaut. In der ersten Einnahmephase enthält das Dragee ein Östrogen und ein niedrig dosiertes Gestagen, und in der nächsten Stufe erhöht sich die Dosis. Einen weiteren Erfolg stellte die Erfindung der Dreiphasenpille dar, weil sie die hormonellen Veränderungen im Körper während des weiblichen Zyklus noch besser nachzuahmen verstand und sich an den natürlichen Hormonspiegel der Frau anpasste: Um den Körper so wenig wie möglich zu belasten, werden unterschiedliche Dosen an Östrogen und Gestagen in drei Phasen eingenommen.

Inzwischen unterscheidet die Pharmaindustrie vier verschiedene Generationen der Antibabypille (Stand März 2015). Diese Einteilung erfolgt nach der Gestagenkomponente. Die Pillen der ersten pharmakologischen Generation kombinierten das Östrogen mit den Gestagenen Norethisteron oder Lynestrenol. Weitere Syntheseschritte führten schon 1966 zur zweiten pharmakologischen Generation, und es kamen Pillen mit dem Gestagen Levonorgestrel auf den Markt. 1981 begann die dritte pharmakologische Generation der Gestagene, eingeleitet durch die Einführung von Pillen mit Desogestrel. Zur vierten pharmakologischen Generation gehören Pillen mit Drospirenon, die seit 2000 auf dem Markt sind.

Schön und schlank durch die Pille?

Auch wenn die Pille, als sie vor über 50 Jahren auf den Markt kam und die sexuelle Revolution beschleunigte, offiziell zunächst gegen Menstruationsbeschwerden eingesetzt wurde und ihre kontrazeptive Wirkung lediglich klein gedruckt im Beipackzettel stand, rückte der verhütende Effekt für die meisten Frauen schnell in den Vordergrund.

Die Pille stellte also von Anbeginn ein Lifestyle-Medikament dar, weil sie eben nicht dazu diente, eine Krankheit zu behandeln, sondern gesunde Frauen vor einer ungewollten Schwangerschaft schützte, ihnen damit zu einem planbaren Leben verhalf und zu einer Zunahme an Lebensqualität und Wohlbefinden führte.[1] Heute geht es aber um weit mehr als darum zu verhindern, ungewollt schwanger zu werden. Die Pille soll auch einen positiven Einfluss auf Haut, Haare, «PMS» und Körpergewicht haben.

Der Endokrinologe Professor Dr. Herbert Kuhl sagte mir in einem Interview, dass grundsätzlich alle Pillenpräparate, die sich aus einem Östrogen und einem Gestagen zusammensetzen, antiandrogen wirken und somit für ein besseres Hautbild sorgen. Denn die Gestagene erhöhen die Konzentration des sexualhormonbindenden Globulins (SHBG) und bewirken dadurch eine Senkung der frei verfügbaren Androgene. In Kombination mit dem künstlichen Östrogen Ethinylestradiol können sich die «vermännlichenden» Eigenschaften der Androgene nicht mehr auf den Körper der Frau auswirken.[2] Einige Gestagene der dritten und vierten pharmakologischen Generation (Cyproteronacetat, Dienogest, Chlormadinonacetat oder Drospirenon) schlagen in dieser Hinsicht jedoch besonders gut an und zeigen in Studien zur Verbesserung des Hautbildes eine schnellere Wirkung als andere Präparate. Doch auch die Pillen der zweiten Generation, die das Gestagen Levonorgestrel enthalten, weisen eine antiandrogene Wirkung auf, denn auch hier steigt der Spiegel an sexualhormonbindendem Globulin, wodurch die Konzentration von freiem Testosteron sinkt. Nach drei bis sechs Monaten verbessert sich auch hier das Hautbild von Aknepatientinnen.[3]

Im Jahr 2012 werteten Wissenschaftler 31 Studien mit 12 500 Teilnehmerinnen aus, in denen es um eine Verbesserung des Hautbildes in Zusammenhang mit der Antibabypille ging. Alle untersuchten Präparate verschönerten den Teint schon nach mehreren Wochen oder Monaten: Ob Pillen mit Levonorgestrel, Norethindron, Norgestimat, Drospirenon, Cyproteronacetat, Chlormadinonacetat, Dienogest oder Desogestrel – in fast allen Studien war kein Präparat einem anderen im Endergebnis überlegen. Nur in zwei Studien, die Pillen der zweiten Generation mit Levonorgestrel mit Pillen der dritten Generation mit Chlormadinonacetat oder Cyproteronacetat verglichen, zeigten sich bei den neuen Sorten bessere Ergebnisse.[4] Die meisten Pillen der dritten und vierten Generation weisen zwar eine höhere antiandrogene Wirkung auf, die starke Akne effektiver bekämpft, doch um «normale» Hautunreinheiten und Pubertätspickel zu behandeln, sind andere Pillensorten ebenso wirksam. Denn alle anderen 29 Studien konnten keine Unterschiede feststellen und entkräften damit die vielfach propagierte Behauptung, die neuen Gestagene seien den älteren hinsichtlich ihrer positiven Auswirkung auf die Haut überlegen.

Eine weitere erwünschte Nebenwirkung der Pille ist ihre Fähigkeit, Haarausfall zu vermeiden. Oft ist dieser hormonell bedingt, weil das Haar auf das im Körper produzierte Hormon Testosteron, das auf die Kopfhaare wachstumshemmend wirkt, empfindlich reagiert. Unter übermäßigem Einfluss von Testosteron schrumpfen die Haarwurzeln, und anstelle kräftiger Strähnen entstehen feine Flaumhaare. Durch ihre Kombination aus Östrogen und Gestagen ist die Pille dazu in der Lage, die Wirkung des Testosterons im Körper der Frau zu minimieren. Das Gestagen verdrängt das Testosteron an den Haarwurzeln, und das Östrogen bindet es im Blut. Dadurch kann das Haar von dem Testosteron nicht mehr angegriffen werden.[5]

Jedes Haar ist mit einer Talgdrüse verbunden, die es ringförmig umgibt. Immer wenn sich ein Haar bewegt, wird auch eine geringe Menge Talg freigesetzt, die die Oberfläche des jeweiligen Haarschafts mit einem Schutzfilm überzieht, der dem Haar Glanz und Geschmeidigkeit verleiht. Dadurch kann das Haar weder spröde werden noch abbrechen. Die Menge des produzierten Hauttalges hängt von der Wirkung männlicher Hormone ab, denn sie regen die Arbeit der Talgdrüsen an. Frauen mit mehr männlichen Hormonen neigen daher auch zu vermehrter Talgproduktion. Weil Östrogene diese Produktion hemmen, kann die Pille auch strähnig werdendes Haar bekämpfen. Gestagene, die besonders androgen wirken, sind in der Lage, besonders schnell und effektiv in die Talgproduktion einzugreifen. Generell wirkt aber das Zusammenspiel von Östrogen und Gestagen in jeder Pille in Bezug auf diese Haarprobleme, egal, ob sie aus der ersten, zweiten, dritten oder vierten Generation stammt.[6]

Viele Mädchen schwärmen von einer Brustvergrößerung dank der Pille. Dass sie die Brüste wirklich vergrößert, konnte mir kein Experte bestätigen. Auch ist anzumerken, dass kein einziges Pharmaunternehmen mit dieser Behauptung wirbt oder dieses Gerücht verbreitet. Es handelt sich also vermutlich um ein rein subjektives Erleben der Mädchen. Zwar erklärten mir Frauenärzte, dass künstliche Hormone die Körperentwicklung in der Pubertät vorantreiben könnten, doch ist das Wachstum der Brust ein Prozess, der unabhängig von der Pille stattfindet und von den Mädchen vermutlich aus dem Grund verstärkt wahrgenommen wird, weil sie sich noch inmitten ihres Reifungsprozesses befinden. Ihre Beobachtungen während der Pilleneinnahme, dass der Brustumfang sich vergrößere, könnten in Zusammenhang mit den natürlichen Reifeschüben stehen, die auch ohne die Pille zeitgleich passiert wären. Bei manchen Frauen kann die Pille allerdings zu Beginn der Einnahme tatsächlich zu einer Vergrößerung der Brüste führen. Dabei handelt es sich aber nur um ein vorübergehendes Phänomen, das nach wenigen Monaten wieder verschwindet. Der Grund hierfür ist, dass unter dem Einfluss der Hormone der Körper mehr Wasser aufnimmt. Sobald sich der Organismus aber an die Pille gewöhnt hat, normalisiert sich der Wassergehalt im Körper wieder und gelangt in den Zustand zurück, den er vor der Pilleneinnahme hatte.[7]

Als die neuen Pillen der vierten pharmakologischen Generation mit dem Gestagen Drospirenon auf den Markt kamen, behaupteten Jenapharm und Schering, dass sie neben einer sicheren, zuverlässigen Verhütung auch die «Möglichkeit zur Gewichtsabnahme» böten.[8] Eine Antibabypille mit zusätzlichem Diät-Effekt schlug hohe Wellen und insbesondere Frauen mit Übergewicht freuten sich über die neuen Präparate. In zwei Studien konnte ermittelt werden, dass Frauen mit drospirenonhaltigen Pillen in den ersten drei Zyklen tatsächlich abnahmen und ab dem vierten Zyklus ihr Gewicht stabil unter dem Ausgangswert hielten.[9] Die Wirkung ist jedoch nicht auf eine Reduzierung des Körperfettanteils zurückzuführen, sondern darauf, dass Drospirenon dem Körper Wasser entzieht.[10] Somit verliert die Frau unter dem Einfluss dieses Gestagens ein paar Gramm Gewicht – ein Diät-Effekt, der jedoch verschwindend gering ist. Hingegen erhöht sich unter dem Einfluss des Drospirenons die Gefahr, an einer Thrombose zu erkranken, gerade wenn es sich um eine übergewichtige

Frau handelt, weil sie bereits aufgrund ihres erhöhten Körperfettanteils eine Risikopatientin ist. Das Drospirenon, das den Wassereinlagerungen entgegenwirkt, macht gleichzeitig auch das Blut zähflüssiger und erhöht damit das Risiko, dass sich gefährliche Blutgerinnsel bilden.

Viele der von mir befragten Mädchen schwärmten außerdem über die drospirenonhaltigen Pillen, weil sie angeblich luststeigernd wirken: «Bei der Pille, die ich jetzt nehme, werde ich beim Sex besonders feucht und habe immer Lust. Sie ist für mich optimal.» (Nadja C., 17 Jahre alt zum Zeitpunkt des Interviews am 12.7.2014) Nachfragen aber brachten zutage, dass die Befragten frisch verliebt waren und ein reges, als intensiv empfundenes Sexualleben möglicherweise auch ohne drospirenonhaltige Medikamente stattgefunden hätte.

Mit der Auswirkung der Pille auf die Libido der Konsumentinnen beschäftigten sich auch verschiedene Forscher. An der Universität Boston wurde unter der Leitung von Irwin Goldstein eine umfassende Studie über Pillensorten der zweiten, dritten und vierten pharmakologischen Generation durchgeführt. Dort fand man heraus, dass Frauen schon nach sechs Monaten, in denen sie die Pille, unabhängig davon welcher Generation, eingenommen hatten, weniger Lust auf Geschlechtsverkehr verspürten. Als Hauptverursacher machten die Forscher das Sexualhormon Testosteron aus, dessen androgene Wirkung bei regelmäßiger Einnahme der Pille stark sank.[11] Wissenschaftler der Universität Catania dagegen kam zu anderen Ergebnissen: Ihren Beobachtungen zufolge kurbelten zumindest die Pillen, die Drospirenon enthalten, die Libido der Konsumentinnen spürbar an. Die untersuchten Frauen hatten nach Einnahme von drospirenonhaltigen Pillenpräparaten ein stärkeres sexuelles Verlangen, kamen häufiger zum

Orgasmus und erfreuten sich an ihrer Sexualität mehr als zuvor. [12]

Trotzdem bleibt es für mich fraglich, ob das künstliche Hormon Drospirenon tatsächlich verantwortlich ist für die Steigerung der Lust oder ob wichtige Faktoren wie die psychische Konstitution der Frau und ihre derzeitige Lebenssituation außer Acht gelassen wurden. Individuelle Lebensumstände wie Glück, Erfolg oder ein neuer Partner sind wichtige Aspekte, die ebenfalls Einfluss auf das weibliche Sexualleben haben, aber schwer messbar sind und auf die die genannten Studien nicht eingehen. Fest steht hingegen, dass die Pille in der dritten und vierten Generation Sehnsüchte und Hoffnungen weckt und bei all den Wundern, die ihr mittlerweile zugeschrieben werden, die Verhütung immer mehr in den Hintergrund rückt.

Unerwünschte Nebenwirkungen

In der ersten Generation wiesen die damaligen Pillenpräparate noch sehr hohe Hormondosierungen auf. So lag die Östrogendosis in den USA bei 150 Mikrogramm – eine Menge, die fünfmal höher ist als der heutige Standard (20 bis 30 Mikrogramm).[1] In Deutschland brachte Schering mit *Anovlar* ein Präparat heraus, das nur 50 Mikrogramm Östrogen enthielt, womit seine Dosierung bereits relativ niedrig war. Nur das Gestagen blieb noch lange hoch dosiert.

Die von mir befragten Frauen der ersten Pillengeneration erinnern sich an viele Nebenwirkungen: Übelkeit, migräneartige Kopfschmerzen und Gewichtszunahme waren die häufigsten Begleiterscheinungen. Die meisten Frauen ertrugen sie, ohne das Medikament abzusetzen: «Streckenweise hatte ich damals große Angst, die Pille könnte langfristig krank machen. Ich verdrängte meine Furcht. Doch sobald wieder irgendwas in der Zeitung stand, geriet ich in Panik. Am nächsten Tag schob ich den Gedanken wieder fort und redete mir ein, dass es mich schon nicht treffen würde.» (Heide H., Jahrgang 1944, erste Antibabypillengeneration, Interview am 4.4.2014)

Kurz nach ihrer Einführung erschienen die ersten Meldungen aus England und den USA über Thrombosefälle, die im Zusammenhang mit der Pille standen. Sechs Frauen starben an einer Lungenembolie. Obwohl es sich bei dem Verursacher dieser Thrombosevorfälle nicht um die Schering-Pille *Anovlar* handelte, geriet auch der West-Berliner Konzern in Aufruhr und wies seine Pharmareferenten an, ihre Werbung einzustellen: Kurzfristig befand sich auf allen Informationsbroschüren ein Hinweis, Ärzte dürften die Pille nicht mehr verschreiben, bis der Thrombosevorwurf geklärt sei.

Zu diesem Zeitpunkt stand die zweite Pillensorte kurz vor ihrer Markteinführung, doch das Pharmaunternehmen C. F. Boehringer & Soehne zog sein Vorhaben aus Sorge vor Nebenwirkungen zurück.[2] Die Angst vor einem weiteren Skandal, wie man ihn kurz zuvor mit dem Beruhigungsmittel Contergan erlebt hatte, war groß: Tausende Kinder waren mit Missbildungen zur Welt gekommen, weil ihre Mütter in der Schwangerschaft Contergan eingenommen hatten. Die Bevölkerung zeigte sich besonders alarmiert, und verschiedene Zeitungen und Zeitschriften warnten nun sogar vor der Pille. Ein ehemaliger Frauenarzt aus Niedersachsen erinnerte sich: «Wenn ich morgens in meine Praxis fuhr und neben mir die *Bild-* und *Berliner Morgenpost*-Leser saßen, wurde ich regelmäßig mit Horrormeldungen konfrontiert: ‹Weg mit der Pille, sie tötet unsere Frauen›, ‹Pillen killen› oder ‹Neuer Pillenschock›. Ich wusste jedes Mal, wie mein Tag nach den neuen Schlagzeilen aussehen würde: Es kamen wieder doppelt so viele Patientinnen, die durch die Hysterie in Zeitungen ihre Pille panisch absetzen wollten oder glaubten, die schlimmsten Nebenwirkungen bei sich entdeckt zu haben.» (Dr. Peter B., Facharzt für Frauenheilkunde und Geburtshilfe, Interview am 2.10.1993)

Die erste Studie, die einen Zusammenhang zwischen erhöhtem Thromboserisiko und der Antibabypille feststellte, wurde bereits Ende der 1960er Jahre veröffentlicht.[3] Daraufhin nahm man in England elf Pillensorten vom Markt, weil ihr Östrogengehalt als zu hoch eingeschätzt wurde. Viele Ärzte und auch der britische Sozialminister sprachen die Empfehlung aus, nur noch Pillen mit niedrig dosierten Hormonen zu verschreiben.[4] Anfang der 1970er Jahre gaben die ersten Studien Entwarnung, weil sich nachweisen ließ, dass mit einem niedrigeren Östrogengehalt auch die Gefahr, an einer Thrombose zu erkranken, geringer wurde.[5] Trotzdem blieb die Bevölkerung weiter in Aufruhr: «Ich hatte damals große Angst vor einer Thrombose und konfrontierte meinen Frauenarzt damit, dass in England die unter Verdacht stehenden Pillen sogar verboten worden waren. Er lachte nur und meinte, das seien voreilige Vorsichtsmaßnahmen. Dann las ich über Forschungen an kleinen Hunden, dass sie nach der Pilleneinnahme gutartige Geschwülste bekommen hatten. Wieder wurden Pillensorten vom Markt genommen, darunter auch meine Pille. Und wieder lief ich hysterisch zu meinem Arzt, fragte, ob auch ich an Krebs erkranken könne. Aber er versuchte mich zu beruhigen und fand das Verbot der Pillensorten wieder einmal vollkommen überzogen.» (Karin L., Jahrgang 1939, erste Antibabypillengeneration, Interview am 5.8.2014)

Der in Göttingen lehrende Gynäkologe und Geburtshelfer Professor Heinz Kirchhoff befragte 1963 im Auftrag von Schering 620 Gynäkologen, welche Nebenwirkungen nach Einnahme von *Anovlar* unter ihren Patientinnen aufgetaucht waren: 21 Prozent der Frauen klagten über Übelkeit, bis sie sich an die Pille gewöhnt hatten, 14 Prozent nahmen an Gewicht zu, 6 Prozent beschwerten sich über Zwischenblutungen, 7 Prozent über Sodbrennen und 4 Prozent über Kopfschmerzen.[6] Viele Frauen litten außerdem in den ersten Zyklen an Schlafstörungen, Antriebsschwäche, gesteigertem Appetit oder Depressionen. Im Verlauf der weiteren Einnahme ließen diese Nebenwirkungen dann nach. Oft bewirkte auch der Wechsel zu einem Präparat mit einer geringeren Gestagendosis eine Linderung der Beschwerden.

Eine erste Studie über den Zusammenhang zwischen der Antibabypille und Brustkrebs erschien 1966 in der medizinischen Fachzeitschrift *Lancet*.[7] Bis heute ist das Thema, die Pille könnte ein Mammakarzinom verursachen, ein Dauerbrenner geblieben. 2010 wurde im *British Medical Journal* eine Untersuchung von Philip Hannaford veröffentlicht. Er hatte gemeinsam mit anderen Wissenschaftlern seit 1968 die Häufigkeit von Krebserkrankungen bei Frauen, die die Pille konsumierten, mit den Befunden einer Kontrollgruppe verglichen. Das Fazit dieser bisher größten Studie war, dass Frauen, die sehr lange hormonell verhütet hatten, tatsächlich ein leicht erhöhtes Brustkrebsrisiko aufwiesen.[8]

Hingegen erkranken Pillenanwenderinnen seltener an Eierstockkrebs (Ovarialkarzinom) als Frauen, die nicht hormonell verhüten.[9] Wissenschaftler führen dies auf die durch die Pille bedingte, eingeschränkte Aktivität der Eierstöcke zurück. Auch taucht bei Pillenkonsumentinnen der

Gebärmutterschleimhautkrebs   (Endometriumkarzinom)
weniger häufig auf.[10] Der Grund dafür ist möglicherweise,
dass die Gebärmutterschleimhaut durch die Einnahme der
Pille nicht so stark aufgebaut wird und sich damit das Risiko, an einem Endometriumkarzinom zu erkranken, verringert. Auch Frauen, die an einer – oft schmerzhaften –
Wucherung der Gebärmutterschleimhaut leiden (Endome-
triose), profitieren von dieser Wirkung. Ist die Wucherung
nicht stark ausgeprägt, kann durch die Einnahme der Pille
sogar das Fortschreiten der Krankheit aufgehalten werden.

Die Pillen der zweiten Generation gelten bis heute als
die mit den wenigsten Nebenwirkungen. Dennoch gibt es
Frauen, bei denen auch diese Präparate zu Zwischenblutungen und Zyklusstörungen führen. Einige Frauen leiden
unter Begleiterscheinungen wie Kopfschmerzen und de-
pressiven Verstimmungen oder klagen über Gewichtszunahmen. Andere beobachten einen Anstieg ihrer Körper-
behaarung oder die Abnahme ihres Sexualtriebes. Mit den
Pillen der dritten und vierten Generation hoffte man, diese
Nebenwirkungen weiter reduzieren zu können, doch bis
heute verstummt auch die Kritik an den neuen Pillensorten
nicht.

Thrombosen[11] bleiben die schwerwiegendsten Kompli-
kationen, die durch die Pille verursacht werden können. In
1 bis 2 Prozent der Fälle von Venenthrombosen enden
diese tödlich, dabei sollen die ersten Monate, in denen die
Pille eingenommen wird, am riskantesten sein.[12] Die
Anwenderinnen, die Risikofaktoren in sich tragen, sind besonders gefährdet. Dazu gehören vor allem Frauen mit einer familiären Vorbelastung, starkem Übergewicht,[13] Blut-
hochdruck, Venenerkrankungen oder Diabetes, aber auch
Frauen ab dem 35. Lebensjahr, Raucherinnen[14] und Rei-
sende, die lange Strecken fliegen.

Eine niederländische Studie sorgte 1995 für große Verunsicherung, weil es bei Pillen der dritten Generation, die das Gestagen Desogestrel enthielten, zu gehäuften Thrombosefällen gekommen war.[15] Auch die meisten Studien, die bis heute folgten, stellen einigen der neuen Pillensorten ein schlechtes Zeugnis aus: Bei den Pillen mit den Gestagenen der dritten und vierten Generation (Desogestrel, Gestoden oder Drospirenon) besteht bei 9 bis 12 von 10 000 Frauen das Risiko, an einer Thrombose zu erkranken. Bei Präparaten der zweiten Pillengeneration mit dem Gestagen Levonorgestrel dagegen erkranken nur 5 bis 7 von 10 000 Frauen.[16] Seit Bekanntwerden dieser Ergebnisse wird in allen Packungsbeilagen der betroffenen Pillensorten der dritten und vierten pharmakologischen Generation darauf hingewiesen, dass sie ein höheres Thromboserisiko aufweisen als Pillen der zweiten Generation.

In der 2007 von Bayer in Auftrag gegebenen Studie EURAS ermittelten Wissenschaftler jedoch kein erhöhtes Thromboserisiko unter dem Einfluss von Drospirenon gegenüber Levonorgestrel.[17] Eine Studie von IGENIX kam zu einem ähnlichen Ergebnis.[18] Und auch die allerjüngste Studie von 2014 konnte ebenfalls keine Abweichungen auffinden: Das Thromboserisiko bei Pillen, die Drospirenon enthalten, war vergleichbar hoch wie bei den Pillen, die Levonorgestrel beinhalten.[19] Die Europäische Arzneimittelbehörde aber mahnt weiter zur Vorsicht. Auf meine schriftliche Nachfrage, warum die neueste Studie zu keiner Neubewertung des Risikofaktors führe, antwortete mir ein Mitarbeiter vom Bundesinstitut für Arzneimittel und Medizinprodukte (BfArM) im Dezember 2014, dass laut Meinung der Assessoren im europäischen Bewertungsverfahren die Studienergebnisse nicht ausreichend waren, um das Gesamturteil bezüglich des Risikos venöser Thromboem-

bolien unter drosperinonhaltigen kombinierten Kontrazeptiva gegenüber den levonorgestrelhaltigen zu ändern.[20]
In den Beipackzetteln sämtlicher Präparate muss deshalb
auch weiterhin auf das höhere Risiko drospirenanhaltiger
Pillen im Vergleich zu Sorten der zweiten Generation hingewiesen werden. In Frankreich dürfen Krankenkassen seit
März 2013 die Kosten für einige der betreffenden Präparate
sogar nicht mehr erstatten. Angeblich sollen die Gefäßer-
krankungen seitdem um 19 Prozent zurückgegangen sein.[21]
    Auch wenn das Risiko, an einer Thrombose zu er-
kranken, insgesamt gesehen gering ist, bleibt es dennoch
tragisch, dass gerade bei den Pillensorten der dritten und
vierten Generation, die Desogestrel, Drospirenon oder Gestoden enthalten, das Thromboserisiko um das 1,5- bis
zweifache höher ist als bei den älteren Präparaten, obwohl
sie eigentlich mit dem Versprechen angetreten waren, besonders verträglich zu sein.[22] Bei – geschätzten – 10 bis
20 Prozent der Frauen muss genauer getestet werden, welche Östrogen-Gestagen-Kombination sie gut vertragen.
Neigt eine Frau dazu, zu viele männliche Hormone zu pro-
duzieren, eignet sich möglicherweise tatsächlich ein Produkt der dritten oder vierten Pillengeneration besser, weil
es besonders antiandrogen wirkt. Bei anderen Frauen kann
der Anteil männlicher Hormone auch zu niedrig sein. So
muss eine medizinische Entscheidung getroffen werden,
welches Präparat den individuellen Hormonhaushalt am
besten auszugleichen vermag.[23] Seit der dritten Pillengeneration aber scheint das Hauptaugenmerk nicht auf den
Aspekten Sicherheit und Risikovermeidung zu liegen, sondern darauf, welche Pille besonders attraktiv macht.
    Viele Patientinnen, die durch die Einnahme von Pillen
der dritten und vierten Generation eine Thrombose erlitten, gehörten nachweislich schon vorher zu einer Risiko-

gruppe. Manche von ihnen waren übergewichtig, rauchten regelmäßig oder litten unwissentlich an Erbkrankheiten oder Gerinnungsstörungen. Anscheinend waren sie im Vorfeld ungenügend untersucht worden, denn eine genaue Risiko-Nutzen-Abwägung hätte die Erkrankung verhindern können. Die Deutsche Gesellschaft für Gynäkologie und Geburtshilfe entwickelt zurzeit eine Leitlinie für Gynäkologen (geplante Fertigstellung: 31.12.2016), damit potenzielle Gefahren in Zukunft besser eingeschätzt werden können.

Bis heute (Stand Juni 2015) wurden laut Bundesinstitut für Arzneimittel in Deutschland 15 Todesfälle registriert,[24] in den USA waren es seit 2000 über 190, die im Zusammenhang mit der Anwendung einer drospirenonhaltigen Pille gestanden haben sollen.[25] In den USA zogen Frauen wegen der Nebenwirkungen vor Gericht, und auch in Deutschland und Frankreich laufen Klagen von Geschädigten, bei denen Pillen der vierten Generation zu Schlaganfällen, Lungenembolien und Herzstillständen führten (Stand 2014).

Wer von den «Pillen-Opfern» von vornherein zu einer Risikogruppe gehörte und wer nicht, ist statistisch nicht erfasst. In den Datensätzen vieler Registerstudien, die den Zusammenhang von drospirenonhaltigen Pillen und Thromboseerkrankungen untersuchen, werden jedoch viele übergewichtige Frauen geführt, die durch diese Pillen erkrankten. Das ist kein Wunder, denn als die Pillen mit diesem Gestagen auf den Markt kamen, warben zwei Pharmaunternehmen mit dessen Eigenschaft, einen Abnehm-Effekt zu bewirken.[26] Diese Information führte dazu, dass drospirenonhaltige Pillen vermehrt übergewichtigen Frauen verschrieben wurden – obwohl Übergewicht einen Risikofaktor für Thromboseerkrankungen darstellt.

Als Nichtraucherin und Ausdauersportlerin passte Christina V. so gar nicht ins Profil einer Risikopatientin, und trotzdem kündigten Schwindelgefühle und Hustenanfälle eine Katastrophe an: Blutpfropfen hatten sich in ihren tiefen Beckenvenen gebildet. Dann waren Teile dieser Blutklumpen (Thromben) von den Gefäßwänden gerissen. Von dem Blutstrom wurden die Thromben über Vorhof und Herzkammer in die Lunge geschwemmt und verstopften dort einen Arterienast. Die schlanke 25-Jährige überlebte nur knapp eine Lungenembolie. Jahrelang verhütete Christina mit einer Pille der zweiten Generation und spürte keine Nebenwirkungen. Dann aber wechselte sie das Präparat, weil ihre Freundinnen von einem besseren Produkt schwärmten: «Sie bekamen mit ihrer Pille samtweiche Haut und wurden gertenschlank. Genau diese Pille wollte ich auch. Meine Frauenärztin hatte nichts einzuwenden und gab mir das Rezept. Sie unterstützte mich sogar und meinte, dass viele ihrer Patientinnen Ähnliches berichteten. Die Pille war brandneu. Da musste sie einfach besser sein.» (Christina V., 25 Jahre alt zum Zeitpunkt des Interviews am 1.10.2011)

Erst im Krankenhaus brachte ein Gentest ans Licht, dass Christina an der sogenannten Faktor-V-Genmutation leidet. Dabei handelt es sich um eine Genveränderung, bei der das Blut leichter gerinnen kann. Ärzte sprechen in diesen Fällen von einer angeborenen Thromboseneigung. Trägerinnen dieses Gendefekts haben, ohne die Pille zu nehmen, bereits ein achtmal höheres Risiko als gesunde Menschen, dass sich in den großen Hohlvenen der unteren Körperhälfte ein Blutgerinnsel bildet und Richtung Lunge strebt. Bei Frauen mit der Faktor-V-Genmutation, die mit der Pille verhüten, wächst das Thromboserisiko auf das Dreißigfache an.

Insgesamt tragen 5 Prozent der Deutschen diese Krankheit in sich, die meisten von ihnen, ohne davon zu wissen.[27] Mit einem Gentest ließe sich die Abweichung im Erbgut leicht aufspüren, doch muss man dieses Screening auf erbliche Vorbelastungen selbst bezahlen. «Ärzte vermitteln einem dann immer das Gefühl, ein Einzelfall zu sein. Sie sagen, dass es diese Krankheit zwar gibt, sie aber selten sei. Ich finde es sehr tragisch, denn manche von uns sind sogar daran gestorben. Ich hätte den Bluttest sofort gemacht und auch selbst bezahlt, hätte mir die Ärztin was davon gesagt. Aufklärung ist doch wichtig, schließlich handelt es sich bei der Pille um eine Langzeitmedikation.» (Christina V., Interview am 1.10.2011)

Auch wenn eine Thrombose nur selten auftritt, rät die Arzneimittelkommission der deutschen Ärzteschaft dazu, vor allem Frauen unter 30 Jahren die Pillenpräparate der zweiten Generation zu verschreiben, weil eine Studie gerade bei Frauen dieser Altersgruppe ein fast fünffach erhöhtes Thromboserisiko bei der Einnahme drospirenonhaltiger Pillen nachgewiesen hat.[28] Karla W. setzte ihre Pille der dritten Generation eigenmächtig ab. Eigentlich vertrug sie das Präparat gut, aber weil die 19-Jährige schon lange keinen Freund mehr hatte, hielt sie die Pille für überflüssig. Ihre Frauenärztin reagierte schockiert: «Sie redete mir ins Gewissen, ich sollte doch bitte auf der Stelle wieder eine Pille nehmen, schließlich sei ich zu jung, um bereits Kinder zu bekommen. Und meine berufliche Karriere hatte gerade erst begonnen.» (Karla W., 19 Jahre alt zum Zeitpunkt des Interviews am 12.10.2012)

Obwohl gerade mal zwei Monate vergangen waren, seitdem Karla W. die letzte Pille abgesetzt hatte, ließ sie sich schnell überzeugen und eine neue Sorte verschreiben. «Meine Ärztin hat mir von der neuen Pille vorgeschwärmt, dass sie einen positiven Einfluss auf mein Gewicht nehmen würde. Dass die Pille gut für die Haut sein würde, kannte ich ja schon von meiner vorherigen Pille. Sie zeigte mir dann auch gleich das süße Schächtelchen, in dem die Pillenverpackung lag. Dazu gab es einen kleinen Schminkspiegel. Da dachte ich gar nicht an irgendwelche Nebenwirkungen, denn das Gesamtpaket wirkte wie ein Geschenk und nicht wie ein Medikament.» (Karla W., Interview am 12.10.2012) Nur wenige Wochen später erkrankte auch Karla W. an einer Lungenembolie. Dabei war sie weder familiär vorbelastet noch litt sie an einer Genmutation. Wahrscheinlich wurde ihr die Pillenumstellung zum Verhängnis. Denn mit einem Wechsel nach einer nur kurzen Pause setzen sich Frauen einem sechs- bis achtfach höheren Thromboserisiko aus, wenn sich das neue Präparat in der Zusammensetzung von dem vorherigen unterscheidet. Eine fachgerechte Beratung hätte Schlimmstes verhindern können.

Karla W. brauchte nach ihrer Krankheit eineinhalb Jahre, um in ihren normalen Alltag zurückzufinden: «Ich konnte lange nicht mehr arbeiten und habe mich wie eine alte Frau gefühlt, kraftlos und leer. Die kleinsten Anstrengungen, ob Treppensteigen oder der Gang zur Bushaltestelle, brachten mich völlig außer Atem.» (Karla W., Interview am 12.10.2012) Geblieben sind eine geschädigte Lungenarterie und ein vernarbtes Gewebe. Welche Langzeitschäden sie davontragen wird, weiß sie zu diesem Zeitpunkt noch nicht. Die Gefahr, noch einmal an einer Thrombose zu erkranken, ist groß, und noch lange wird sie blutverdünnende Medikamente einnehmen müssen, um einer weiteren Gerinnselbildung vorzubeugen.

In Deutschland haben sich betroffene Frauen zusammengeschlossen und die Selbsthilfegruppe «Risiko Pille»[29] gegründet. Seit ihrem Bestehen meldeten sich Hunderte von Frauen, die aufgrund der Pille erkrankten. Die Gruppe fordert von der Pharmaindustrie, mehr Verantwortung zu übernehmen und die verschönernden Nebenwirkungen nicht länger explizit herauszustellen. Außerdem setzen sie sich für ein Verbot drospirenonhaltiger Pillen ein. Denn neben den «Pillen-Opfern», die von Anfang an zu einer Risikogruppe gehörten, gibt es eine weitere Gruppe Betroffener, die sich die Wissenschaft bis heute nicht erklären kann: Diese Frauen wiesen weder Gerinnungsstörungen auf noch waren sie übergewichtig oder hatten geraucht. Sie waren jung, sportlich und erblich nicht vorbelastet. Einige von ihnen hatten die Pille genommen, weil sie sich neben einer sicheren Verhütung auch Schönheit wünschten, eine Hoffnung, die die Broschüren der Pillen bei ihnen geweckt hatten.[30] Mit der «Pille mit Figur-Bonus» und «Smile-Effekt» sollten sich die Frauen in ihrer Haut wohlfühlen und ihr Leben und die Liebe genießen können,[31] doch stattdessen wurde ihnen das Medikament zum Verhängnis. Zwar handelt es sich bei den betroffenen Frauen um eine Minderheit, die von einer sehr selten auftretenden Nebenwirkung erwischt wurde, aber es sind genau die 9 bis 12 «Pillen-Opfer» in einer Gruppe von 10 000 Anwenderinnen, für die das Medikament zu einer Art Zeitbombe im Blut wurde.

Hormone für alle weiblichen Lebenslagen

Schon in den frühen 1980er Jahren eroberten Lifestyle-Produkte den Markt und versprachen die Optimierung des eigenen Selbst. Ob Falten, Haarausfall oder makellose Haut – der Unvollkommenheit wurde der Kampf angesagt. Mittlerweile liegt für jede Lebenslage das passende Hormonpräparat vor, um die eigenen Defizite auszumergeln.

Für Frauen galt die Hormonersatztherapie jahrzehntelang als Wunderwaffe gegen körperliche Anzeichen des Alterns. Ob die Wechseljahre tatsächlich Beschwerden verursachten oder nicht, der Frau wurde eingeredet, dass ihrem Körper etwas fehle, denn Östrogene galten als das Zaubermittel schlechthin: Ohne sie würde der Körper welken, die Frau unattraktiv und zu einem geschlechtslosen Wesen werden. Mit einem künstlichen Östrogen aber bliebe die Frau für immer jung, schön und sexy.

Das lukrative Geschäft begann in den USA Ende der 1940er Jahre mit der ersten, aus Stutenurin gewonnenen Östrogen-Pille. Je höher dosiert, desto wirkungsvoller, so war die Maxime. Unabhängige Studien aber stoppten den Höhenflug: Das hoch dosierte Östrogen barg nämlich ein erhöhtes Gebärmutterhalskrebsrisiko. Außerdem kam es zu vermehrten Wucherungen in der Gebärmutterschleimhaut.[1] So kombinierte man die Östrogen-Pille mit einem weiteren Wirkstoff, dem Gestagen Progesteron, der das übermäßige Wachstum der Gebärmutterschleimhaut stoppen sollte.

Eingeläutet wurde die Epoche der Hormontherapie von dem amerikanischen Gynäkologen Robert A. Wilson. Auf die verheißungsvolle Wirkung der Hormone war er durch eine in Anbetracht ihres fortgeschrittenen Alters außergewöhnlich attraktive Patientin gestoßen. Auf seine Frage, was sie so strahlen lasse, erklärte sie, sie würde die Antibabypille einfach weiterhin nehmen, obwohl sie längst in den Wechseljahren sei. 1966 erschien Wilsons Buch *Femine forever*, in dem er die Wechseljahre als Krankheit bezeichnete, als eine Mangelerscheinung, die der Behandlung – mittels Östrogenen – bedürfe.[2] Inzwischen nahmen Millionen Frauen weltweit Hormone ein. Denn die Wunderpillen sollten nicht nur den Körper jung und schön halten, sondern auch Alterserkrankungen wie Demenz, Kreislaufproblemen, Osteoporose und verschiedenen Krebsarten vorbeugen können. Spätere Forschungen fanden heraus, dass die Pillen tatsächlich nur gegen Osteoporose und Darmkrebs schützten.

In der DDR begannen sich Frauen und Ärzte erst Ende der 1970er Jahre für eine Hormonersatztherapie zu interessieren, doch blieb sie ein sehr rudimentäres Geschäft. Eigene Präparate gab es nicht, denn weder die FEB Jenapharm noch eine andere Industrie befasste sich mit Forschungen dieser Art. Für viele Frauen war dies ein belastender Zustand, gerade wenn ihnen die Gebärmutter oder die Eierstöcke entfernt worden waren und sie in ein künstliches Klimakterium fielen. Oft wurde in diesen Fällen in den Bezirksapotheken ein Hormonpräparat beantragt, aus dem Westen bezogen und an die betroffenen Frauen verteilt.

Zwar gab es auch in der DDR schon Ende der 1960er Jahre Frauenärzte, die an die Wirkung künstlicher Östrogene glaubten und der Meinung waren, dass man sie allen Frauen möglichst lange verabreichen solle, in der Regel aber wurde die Hormonersatztherapie indiziert vergeben, also hauptsächlich an Frauen, die unter starken Beschwerden litten. Manche Gynäkologen verschrieben älteren Frauen die Pille einfach weiter, weil deren künstlichen Östrogene den natürlichen Alterungsprozess angeblich ebenfalls aufhalten konnten. Schließlich wirkte die Pille ähnlich wie die Präparate der Hormonersatztherapie, weil sie sich chemisch glichen.[3] Und so manche Frau dachte gar nicht daran, die Wunschkindpille abzusetzen. Sie schätzte den Lifestyle-Effekt noch über das sechzigste Lebensjahr hinaus, und ihr Bestreben, diesen Zusatznutzen aufzugeben, war gering, trotz der Warnungen vieler Ärzte, damit auch ein erhöhtes Thrombose- und Krebsrisiko einzugehen.

ter geworden war, spürte überhaupt keine Beschwerden, als sie im Alter von 51 Jahren zur gynäkologischen Routineuntersuchung ging. «Er verpasste mir trotzdem Hormone mit der Begründung, ich solle mal froh sein, noch ein bisschen länger knackig und frisch zu bleiben, die Beschwerden kämen noch früh genug. Nicht mehr lange, und ich sei ein Wrack, weil mein Körper voller Hormondefizite sei. Schon als ich ihm die Hand zum Abschied gab, hatte ich dann Beschwerden. Denn urplötzlich fühlte ich mich alt und elend.» (Karin L., Jahrgang 1939, erste Antibabypillengeneration, Interview am 5.8.2014)

Maria V. studierte Medizin und wurde Frauenärztin. Sie erinnert sich noch gut an die 1980er und 1990er Jahre, als sie Kongresse und Seminare besuchte: «Hormone wurden in den höchsten Tönen gelobt und gefeiert. Wer kritisch war, wurde unter Druck gesetzt, keine Frau in ihrem Alterungsprozess hormonlos zu lassen. Alterserkrankungen waren in aller Munde, und diesen sollte durch Hormonersatztherapien vorgebeugt werden. Alles andere galt tatsächlich als unterlassene Hilfeleistung.» (Maria V., Jahrgang 1939, erste Antibabypillengeneration, Interview am 5.9.2014) Manche Frauen versorgten sich bereits prophylaktisch mit Östrogenen, um auch nach der Menopause beschwerdefrei leben zu können. So gaben in einer Studie 30 Prozent der befragten Frauen an, sie hätten mit einer Hormontherapie begonnen, obwohl sie weder an Hitzewallungen noch an Nachtschweiß oder anderen Symptomen gelitten hatten.[7]

Brigitte L. gehörte in den 1970er Jahren zu den Frauen, die pillenmüde geworden waren. Auch nach dem Absetzen der Antibabypille blieb sie ihrer kritischen Haltung treu und weigerte sich, jemals wieder Hormone zu nehmen: «Ich wurde von meiner Frauenärztin dermaßen angefahren, als ich 1990 in die Wechseljahre kam, warum ich mir diese Erniedrigung antun wolle, ohne Hormone zu leben, stattdessen zu schwitzen und fett zu werden. Das sagte sie wortwörtlich! Als ich später von den dramatischen Nebenwirkungen erfuhr, war ich froh, standhaft geblieben zu sein.» (Brigitte L., Jahrgang 1945, erste Antibabypillengeneration, Interview am 4.7.2014)

Die Ernüchterung folgte nämlich im Jahr 2002: Zwei Studien (WHI und HERS) ermittelten ein erhöhtes Risiko für Herzinfarkt, Thrombose, Schlaganfall und Brustkrebs.[8] Zwar kann das Gestagen Progesteron die Gebärmutter vor vermehrten Wucherungen schützen, die Brust aber nicht. In weiteren Untersuchungen stellte sich heraus, dass östrogenhaltige Pillen – unabhängig davon, ob sie ein Gestagen enthielten oder nicht – überhaupt keine prophylaktische Wirkung auf Kreislaufstörungen hatten. Jahrzehntelang war Frauen eingeredet worden, wie wichtig eine Vorsorge sei, stattdessen aber schlug dieser viel gepriesene positive Effekt ins Gegenteil um: In den ersten Jahren der Einnahme erhöhte sich das Risiko für Herzkrankheiten sogar.

Nach der Veröffentlichung dieser Ergebnisse entbrannten heftige Diskussionen über Risiken und Nutzen der Hormontherapie, und 2003 schränkte das Bundesinstitut für Arzneimittel und Medizinprodukte die Zulassungen gegen Wechseljahresbeschwerden ein. Hormone sollen seitdem nur noch dann verordnet werden, wenn Frauen durch ihre hormonelle Umstellung unter so starken Beschwerden leiden, dass sie sich in ihrer Lebensqualität eingeschränkt fühlen. Von nun an wurde der Umgang mit Hormonen kritischer, und viele Ärzte rieten ihren Patientinnen, die Hormone abzusetzen. Einige der Frauen weigerten sich zwar, gegen die wieder aufkommenden Beschwerden ankämpfen zu müssen, und verlangten das Präparat zurück,[9] doch viele

Frauen setzten, aufgeschreckt durch die Studien, die künstlichen Hormone für immer ab, sodass die Verordnungen bei den über 45-Jährigen um ein Drittel zurückgingen. Auch die Zahl der Neuverordnungen sank nach Bekanntwerden der beunruhigenden Ergebnisse um mehr als zwei Drittel.[10] Somit war auf diesem Gebiet für die Pharmaindustrie nicht mehr so viel zu verdienen: Gaben die gesetzlichen Krankenkassen im Jahr 2000 noch 360 Millionen Euro für Hormontherapien aus, so waren es 2004 nur noch 164 Millionen Euro. Insgesamt gingen die Verschreibungen innerhalb von sechs Jahren (von 1998 bis 2004) um 40,2 Prozent zurück.[11]

Nirgendwo ist erfasst, wie viele Frauen tatsächlich an so schweren Wechseljahresbeschwerden leiden, dass sie diese nur mithilfe einer Hormontherapie in den Griff bekommen. In einer Studie aus Frankreich, in der Frauen vor den Wechseljahren und durch sie hindurch begleitet wurden, fand man heraus, dass Frauen, die rauchten, regelmäßig Alkohol tranken oder mehrmals am Tag süße Zwischenmahlzeiten zu sich nahmen, an weit mehr Beschwerden litten als andere.[12] Auch klagten die Frauen, die bereits vorher unter Depressionen, Migräne, Allergien und Schilddrüsenerkrankungen gelitten hatten, häufiger über die typischen Beschwerden des Klimateriums als Frauen ohne Leiden in früheren Jahren.

Natürlich hilft eine kurzfristige Hormontherapie, Hitzewallungen und Schlafstörungen zu beenden, und keine Frau sollte körperliche Beeinträchtigungen, die ihren Alltag erschweren, stoisch ertragen müssen, aber manchmal scheint die Hormonkeule für jede kleinste Beschwerde zu schnell geschwungen zu werden und nicht immer gerechtfertigt zu sein. Alle weiteren Studien, die auch Präparate mit anderen Zusammensetzungen und niedrigen Dosierungen unter die Lupe nahmen – ob gespritzt, geschluckt, als Pflaster geklebt oder als Gel gecremt –, kamen hinsichtlich der Nebenwirkungen zu denselben Ergebnissen: Die Medikamente erhöhen das Risiko, an Brustkrebs zu erkranken.[13]

Seit Neuestem ist die Tendenz zu beobachten, dass der Absatz von Hormonpräparaten wieder ansteigt. Viele Ärzte und Wissenschaftler sprechen sogar von einer Renaissance der Hormontherapie.[14] Die Befürworter berufen sich auf eine dänische Studie aus dem Jahr 2003, die erst neun Jahre später, nämlich 2012, im *British Medical Journal* veröffentlicht wurde.[15] An dieser Untersuchung wirkten damals 1006 Teilnehmerinnen mit, die zwischen 45 und 58 Jahre alt waren. Die Hälfte erhielt über zehn Jahre lang Hormone. Infolge dessen soll es unter den Probandinnen zu weniger Todesfällen und Herzinfarkten gekommen sein, gleichzeitig erhöhten die Präparate weder das Krebsrisiko noch die Gefahr, an einer Thrombose zu erkranken oder einen Schlaganfall zu erleiden.

Diese neuen, positiven Ergebnisse lassen einige Ärzte und Wissenschaftler daran glauben, dass Hormone also doch nicht so gefährlich sind, wie vor über einem Jahrzehnt noch behauptet wurde. Und die Pharmaindustrie kann frohlocken: Könnten die vermehrten Verordnungen von Hormonersatztherapien auf einen bevorstehenden, neuen «Hormon-Boom» hinweisen? Kritische Stimmen warnen, dass die dänische Studie keinen Wert habe. Ursprünglich sei die Untersuchung nämlich der Frage nachgegangen, ob Hormone gegen Osteoporose helfen können. Erst im Nachhinein veränderte man die Fragestellung. Eine Aussage darüber zu treffen, ob das Risiko für Brustkrebserkrankungen ansteigt oder nicht, sei außerdem aufgrund der geringen Laufzeit dieser Studie nicht möglich, da sich

Brustkrebs langsam entwickelt. Zudem sollen die Probandinnen im Vorfeld gewusst haben, ob sie Hormone oder
Placebos erhielten.[16]

Doch obwohl die Arzneimittelbehörde bei ihrer Empfehlung bleibt, Hormonpillen, -pflaster oder -cremes nur
bei starken Beschwerden anzuwenden, nimmt das Interesse
an diesen Produkten wieder zu. Der verminderte Hormonspiegel wird für die verschiedensten Alterserscheinungen
verantwortlich gemacht und das Alter somit zu einer
Krankheit erklärt. Und den Mythos glückseligmachender
Präparate wieder aufleben zu lassen, ist nicht schwer: Die
Ängste vieler Frauen vor dem Altern werden genutzt, damit Hormone als ewiger Jungbrunnen für die Pharmaindustrie ein lukratives Geschäft bleiben.

6. Männer und ihre Pillen

Männer und Lifestyle

Sucht man im Internet nach den Stichworten «Männer» und «Hormone», so landet man schnell auf Seiten, die für eine Testosterontherapie werben. «Ihr Testosteronspiegel ist der Schlüssel zu Ihrer körperlichen, geistigen und sexuellen Bestform als Mann», heißt es zum Beispiel bei mensworld24.de.[1] Im Mittelpunkt steht der Mann ab dem 50. Lebensjahr, bei dem der Testosteronspiegel bedeutend geringer ist als zehn Jahre zuvor. Deshalb leidet er potenziell unter Müdigkeit, Erektionsproblemen, Schlafstörungen, geringerem Wohlbefinden, Frustration und Wut, hat eventuell einen weniger ausgeprägten Sexualtrieb und nimmt stetig an Gewicht zu.

Auch Männer ab dem 30. Lebensjahr werden angesprochen, denn Studien weisen darauf hin, dass der Testosteronspiegel bereits in diesem Alter kontinuierlich abnehmen könne.[2] Schnell ist der junge, sich selbst als fit erlebende Mann irritiert und fragt sich sorgenvoll, ob er nicht vorsorgen solle, um sich auch morgen noch kraftvoll fühlen zu können. Plötzlich hat er nämlich ein Problem, das von außen an ihn herangetragen wurde und welches er vorher noch gar nicht gesehen hatte. Zum Glück, so wird ihm suggeriert, kann er schon jetzt prophylaktisch handeln, denn der Markt bietet ihm eine Fülle von Produkten, die das Versprechen beinhalten, seine Hormonproduktion wieder anzutreiben. Zwei bis vier Pillen am Tag versprechen ihm die Verbesserung des Sexuallebens, des Selbstbewusstseins, der Attraktivität und Muskulatur – und somit die Verjüngung seines Körpers.

Während für Frauen bereits frühzeitig Pillen, Pülverchen und Salben zur Verfügung standen, die ihnen einen verjüngenden Effekt versprachen, blieb der Mann in dieser Hinsicht jahrelang auf der Strecke. Erst die Erfindung von *Viagra* schuf einen neuen Markt: Als 1998 die potenzfördernde Pille auf den Markt kam, erstürmten auch andere Themen das männliche Bewusstsein. Plötzlich begannen auch Männer an Wechseljahresbeschwerden, Knochenschwund oder Stimmungsschwankungen zu leiden. Ob Haarausfall, unreine oder alternde Haut, unliebsame Gewichtszunahme oder Potenzprobleme: Seit Ende des letzten Jahrhunderts hat die Pharmaindustrie auch den Mann entdeckt und hält reichlich Produkte für ihn bereit, die versprechen, seine Lebensqualität zu verbessern und ihn jung und dynamisch bleiben zu lassen.

Die Medizin setzt sich schon lange mit der Frage auseinander, ob auch Männer in die Wechseljahre kommen. Mittlerweile weiß man, dass das Klimakterium des Mannes etwa um das 60. Lebensjahr eintritt. Das Testosteron wird zwar bei vielen Männern bis ins hohe Alter weiter produziert, doch leidet auch er an Beschwerden, die auf eine Veränderung des Körpers schließen lassen. So kämpft er mit Verstimmungen, Abgeschlagenheit, weniger Leistungsfähigkeit und dem Verlust seiner Libido, zudem erschweren Hitzewallungen, Schlaflosigkeit und Depressionen sein Leben – wenn auch nicht so ausgeprägt wie bei den meisten Frauen in den Wechseljahren.

In den USA beschränkte sich die öffentliche Wahrnehmung der Symptome männlicher Wechseljahre lange Zeit nur auf den verringerten Sexualtrieb und die nachlassende Erektionsfähigkeit – als ginge es dem Mann nur um «das eine». Natürlich gibt es Millionen Männer weltweit, die unter Erektionsstörungen leiden, Schwierigkeiten haben, einen Orgasmus zu bekommen, oder nicht ejakulieren können, doch sind 30 Prozent der Fälle auf psychische Ursachen zurückzuführen. Auch das Alter macht sich in der Sexualität bemerkbar: Unter den Vierzigjährigen klagen 5 Prozent der Männer über Erektionsschwierigkeiten, unter den Siebzigjährigen steigt die Zahl auf 20 bis 30 Prozent.[3]

Testosteron, das Hormon, das beim Mann in der Pubertät das Bartwachstum anregt und den Geschlechtsorganen und dem Kehlkopf zum Wachstum verhilft, ist wichtig für die Potenz sowie den Sexualtrieb und sorgt außerdem für den Aufbau der Muskeln und für die Fettverbrennung. Ohne Testosteron ist der Mann körperlich nicht mehr so leistungsfähig. Bei vielen Männern sinkt der Testosteronspiegel zwar nur langsam – und bei manchen stellen die Hoden selbst im hohen Alter ihre Testosteronproduktion nicht ein –, doch die Werbung für potenzsteigernde Mittel suggeriert, frühzeitig vorsorgen zu müssen, um niemals zur Geisel seines alternden Körpers zu werden. Es scheint, als seien Erektionsstörungen in zunehmendem Alter eine behandelbare Massenkrankheit, und entsprechend hält der Markt viele Produkte bereit: Testosteronpflaster, -spritzen oder -tabletten versprechen Hilfe gegen mögliche Beschwerden. Dabei wird die Frage ausgeblendet, ob es sich eventuell um ganz normale Reaktionen auf Überarbeitung oder Stress handeln könnte. Stattdessen werden Müdigkeit, Gereiztheit und Schlaffheit als Zeichen von Testosteronmangel und damit als Erkrankung gewertet.

Die Bereitschaft der Männer, Beschwerden, die ihre Lebensqualität einschränken, mit einer Hormonersatztherapie zu behandeln, ist groß: 69 Prozent könnten sich eine derartige Therapie vorstellen.[4] Eine andere Umfrage brachte zutage, dass 87 Prozent der Männer Medikamente gegen Impotenz einnehmen würden und 38 Prozent bereit wären, Pillen gegen zu viele Pfunde auf der Waage zu schlucken.[5] Dementsprechend ist es kein Wunder, dass Anti-Aging-Zentren wie Pilze aus dem Boden schießen, die Lifestyle-Medizin viel unternimmt, um den Ursachen des Alterns auf die Schliche zu kommen, und daran arbeitet, dieses aufzuhalten. Anti-Stress-Seminare und Wellness-hotels richten ihr Angebot immer häufiger auch an Männer, es werden Diäten empfohlen und Schönheitstipps gegen Haarausfall und für einen strahlenden Teint vergeben, denn das Älterwerden ist heute – auch für Männer – zu einem Makel geworden. Der genetisch vorprogrammierte Prozess wird nicht mehr akzeptiert, und Hormonpräparate sind verlockend, wenn sie versprechen, den Alterungsprozess aufhalten zu können.

Männer und Verhütung

Der rasante Aufstieg der Pille führte schnell dazu, dass es für die meisten Männer selbstverständlich wurde, die Verhütung komplett der Frau zu überlassen. «Zum Glück organisieren die Frauen das. Warum soll ich mir als Mann den Stress machen?» (Martin K., 31 Jahre, Interview am 21.7. 2014) Solche und ähnliche Aussagen haben fast alle der von mir befragten Frauen aus der ersten und zweiten Pillen-generation von ihren Partnern schon einmal gehört.

Bereits im Verlauf der ersten Generation setzten viele Männer voraus, dass sich die Frau um die Verhütung küm-mert. Sie erkundigten sich deshalb in den 1970er Jahren gar nicht mehr, ob die Frau die Pille nahm, weil sie es für üblich hielten: «Für mich gab es seit Anbeginn der Pille keine bessere Alternative. Das Kondom war schon immer ungemütlich, aber die Pille äußerst praktisch. Damals gehörte für mich zu einer fortschrittlichen Frau auch die Pille. Für mich war es von Anfang an keine Frage, ob sie sie nimmt oder nicht. Wir haben die Pille von jeder Frau erwartet, eigentlich auch, ohne sie groß zu fragen.» (Heinz H., Jahrgang 1943, Interview am 4.4.2014)

Noch bis Anfang der 1970er Jahre hatte sich das Sexualleben der Männer nicht so einfach und bequem gestaltet. Gerade weil es für unverheiratete Frauen bis dahin nur schwer möglich war, an die Pille zu gelangen, mussten die Männer sich ebenso um die Empfängnisverhütung kümmern. Die älteste und verbreitetste Methode war der Coitus interruptus, der darin besteht, den Geschlechtsverkehr kurz vor dem Höhepunkt zu unterbrechen, um einen Samenerguss im Körper der Frau zu verhindern. Die Wahrscheinlichkeit, schwanger zu werden, verringert sich durch diese Praxis zwar, die Möglichkeit einer Befruchtung bleibt aber erhalten. Auch das Kondom kam damals oft zum Einsatz, wurde dann aber durch die Beliebtheit der Pille zum Verhütungsmittel zweiter Wahl.

Seit Einführung der Pille geben viele Männer die Kontrolle freiwillig ab und vertrauen darauf, dass die Frau die Pille auch tatsächlich nimmt, obgleich sie dieser Kontrollverlust teilweise verunsichert. Die Pille ist für den Mann somit zwar bequem, schafft aber auch Ängste davor, ungewollt Vater zu werden:[1] «Es beschäftigt mich immer, bei jeder Frau, die ich neu kennenlerne, ob sie mir ein Kind unterjubeln möchte und deshalb einfach nur behauptet, sie nehme die Pille.» (Sascha M., 41 Jahre, Interview am 21.7. 2014)

Doch selbst die Initiative zu ergreifen, bringt Nachteile, und viele Männer freuen sich, wenn sie auf ein Kondom verzichten können. In Umfragen zum Thema Verhütung wird das Kondom zwar stets als Erstes genannt, doch alle der von mir befragten Männer der zweiten Pillengeneration standen mit Präservativen ihr Leben lang auf Kriegsfuß: «Wie oft haben mich Gummis frustriert. Sie anzulegen ist alles andere als sexy, ein Herumfummeln im falschen Moment, und dann reißt es oder sitzt nicht richtig.» (Joachim H., 49 Jahre, Interview am 21.7.2014)

Auch in der DDR galt das Kondom in der ersten und zweiten Pillengeneration als ein äußerst unbeliebtes Verhütungsmittel. 1980 benutzten nur 10 Prozent der ostdeutschen Männer unter 30 Jahren beim «ersten Mal» ein Präservativ. 31 Prozent verhüteten gar nicht, und 25 Prozent entschieden sich für den Coitus interruptus. In erster Linie haben die Mädchen für die Verhütung gesorgt, denn 40 Prozent nahmen zum Zeitpunkt des ersten Geschlechtsverkehrs die Pille.[2]

Als in den folgenden Jahren die Immunkrankheit Aids bekannt wurde, gewann das Präservativ wieder an Bedeutung. Dass Jugendliche und junge Erwachsene in Deutschland so gut über HIV und andere sexuell übertragbare Krankheiten aufgeklärt sind, ist den vielen Kampagnen zu verdanken, die seit Mitte der 1980er Jahre durchgeführt werden. Plötzlich zeichnete sich ein Wendepunkt ab, weil die Form der Verhütung wieder ausgehandelt werden musste. Vor allem Mädchen verweigerten den Geschlechtsverkehr, wenn er ohne Kondom praktiziert werden sollte. Zwar galt das Kondom auch im Zeitalter von Aids weiter als «Liebestöter» – und je älter und sexuell erfahrener die Jugendlichen wurden, desto ungeschützter praktizierten sie Geschlechtsverkehr[3] –, doch im Verlauf der Jahre und

vieler weiterer Aufklärungskampagnen setzte sich ein ge-
nerelles Umdenken immer mehr durch: 1996 fanden es bereits 80 Prozent aller Jugendlichen richtig, Kondome bei
neuen sexuellen Kontakten anzuwenden. Plötzlich fiel es
sogar leichter, sie wortlos zu zücken, weil es alle taten.
Außerdem vermied man mit seinem spontanen Handeln
komplizierte Gespräche über Verhütung und sexuell übertragbare Krankheiten direkt vor dem Geschlechtsverkehr
mit neuen Sexualpartnern.[4] So wurde das Kondom Mitte
der 1990er Jahre zu einer Selbstverständlichkeit. Die Aids-
Aufklärung hatte ihre Spuren hinterlassen, denn das Präservativ war beim «ersten Mal» zum Verhütungsmittel
Nummer eins geworden und blieb es bis heute – so lange,
bis Mädchen zur Pille übergehen.[5]

2013 nutzten 92 Prozent der Jungen und Mädchen Kondome, und 56 Prozent der Mädchen sowie 41 Prozent der
Jungen kombinierten Pille und Kondom und sorgten damit
sogar beide für die Verhütung.[6] Die Mehrzahl der Mädchen, die mit der Pille verhüten, besteht ganz bewusst zusätzlich auf die Verwendung eines Kondoms, um sich vor
Infektionen und Geschlechtskrankheiten zu schützen.[7]
«Egal, ob sie die Pille nimmt oder nicht. Am Ende haben
beide Verantwortung zu tragen. Kondome sind einfach sicherer (…), denn die Pille schützt ja nicht vor sexuell über-
tragbaren Krankheiten wie Hepatitis oder Aids, und deshalb finde ich das schon sehr, sehr wichtig.» (Mart, 19 Jahre,
Interview am 1.6.2011) Das Selbstverständnis der Männer
in der ersten und zweiten Pillengeneration, Frauen die al-
leinige Verantwortung für die Verhütung zuzuschieben,
wird von den meisten Jungen der dritten Generation also
nicht mehr geteilt: «Ich weiß von manchen Mädchen, dass
sie die Pille nehmen, aber ich sehe das jetzt nicht so, dass
jedes Mädchen die Pille nehmen muss oder dass ich davon

ausgehe, dass jedes Mädchen sie nimmt. Ich würde auch immer nachfragen.» (Felix S., 17 Jahre, Interview am 1.6. 2014)

Doch obwohl das Kondom von Jugendlichen der dritten Pillengeneration mit einer großen Selbstverständlichkeit verwendet wird und somit an die Stelle der Pille treten könnte, bleibt das kleine Dragee dennoch das favorisierte Verhütungsmittel der Mädchen.

Die Pille für den Mann

Über 50 Sorten der Antibabypille existieren heute, bisher ist aber noch kein einziges hormonelles Verhütungsmittel für den Mann erschienen. Zwar wird die Pille für den Mann seit Jahrzehnten angekündigt, aber auf dem Markt ist sie noch immer nicht.[1] Die ständigen Ankündigungen, die ihr baldiges Erscheinen immer wieder prophezeien, lassen viel Raum für Spekulationen, und einige Frauen vermuten, dass männliche Wissenschaftler das Erscheinen der Pille bewusst verzögern: «Wahrscheinlich erforschen Männer ihre eigene Pille weit genauer und übervorsichtiger, um sich selbst keine Nebenwirkungen oder Langzeitfolgen anzutun.» (Karina V., Jahrgang 1968, zweite Antibabypillengeneration, Interview am 5.9.2014)

Es werden viele Mythen um die Pille für den Mann gewoben, und so kursieren auch aufseiten der Männer Ängste bezüglich des hormonellen Eingriffs in ihren Körper. Für so manchen Mann bedeutet Männlichkeit Potenz und ist für ihn gleichbedeutend mit Zeugungsfähigkeit. Eine Pille, die seine Zeugungsfähigkeit einschränkt, würde demzufolge diese Männlichkeit massiv bedrohen: «Ich würde niemals etwas an mein Heiligstes lassen. Auch wenn ein Hormoncocktail nur meinen Körper angreift, so wüsste ich nicht, ob ich damit vielleicht zur Memme werde. Kann ich dann noch genauso wie zuvor? Das kann dir doch keiner wirklich sagen.» (Erik E., Jahrgang 1962, Interview am 1.11.2011)

Ich befragte Gynäkologen nach ihrer Einschätzung, warum noch kein hormonelles Verhütungsmittel für den Mann auf den Markt gekommen sei. Einige stellten die Vermutung an, dass die «Männerpille» Erektionsstörungen verursachen könne und deshalb keine Zulassung finde. Doch dieses Argument kann definitiv widerlegt werden und scheint vielmehr die Angst der Männer widerzuspiegeln. Ich fragte auch Urologen nach ihrer Einschätzung, warum die Pille für den Mann noch nicht erhältlich sei. Die meisten argumentierten mit zu hohen Nebenwirkungen, die nicht in den Griff zu bekommen seien. Sind die betreffenden Gynäkologen tatsächlich so unwissend, oder fürchten sie im Falle der Marktreife der Pille für den Mann, Patientinnen zu verlieren? Haben die betreffenden Urologen Angst vor Konkurrenz, weil die Zahl der Sterilisationen zurückgehen könnte und sie somit ein lukratives Geschäft verlören? Wie viele Männer würden die Pille nehmen, wenn es sie gäbe, und wie viele Frauen verzichteten dann auf die Antibabypille, weil ihr Partner für die Verhütung sorgte?

Ich habe 52 Männer befragt, was sie von einer Pille für den Mann halten würden: «Die Pille für uns Männer? Ein Traum. Dann müssten wir nicht mehr unsere ungewollten Kinder finanzieren, sondern sie erst gar nicht bekommen. Ich könnte gleich hundert Männer nennen, die interessiert wären, rein vom finanziellen Standpunkt her.» (Klaus K., 41 Jahre, Interview am 21.7.2014) Manche der Männer führten auch die Nebenwirkungen an, die Frauen durch die

Pille zu ertragen hätten, und erklärten sich bereit, mögliche Begleiterscheinungen, die eine «Männerpille» mit sich brächte, durchaus ertragen zu wollen: «Das wäre doch mal Gleichberechtigung: Frauen und Männer klagen gleichermaßen über Übelkeit und Depressionen. Geteiltes Leid ist halbes Leid.» (Kai M., 30 Jahre, Interview am 21.7.2014) Ein Mann begrüßte die Pille für den Mann, weil er in ihr eine Möglichkeit sieht, die Kontrolle über die Verhütung zurückzugewinnen: «Ich habe ein Problem damit, Frauen zu vertrauen. Dieses Geflöte – ‹Ich nehme doch die Pille› – ist etwas, auf das man sich als Mann nur verlassen kann. Aber stimmt das immer? Ich bin für die Pille für den Mann.» (Nils S., 29 Jahre, Interview am 21.7.2014) Auch Umfragen beweisen, dass Männer gar nicht so abgeneigt wären, selbst hormonell zu verhüten. Schon 1986 gaben 66 Prozent von 580 befragten Männern an, die Pille für den Mann sofort nehmen zu wollen.[2] 2004 sprachen sich sogar 69 Prozent der deutschen Männer für eine eigene hormonelle Verhütung aus. Sie würden allerdings eine Pille der Hormonspritze vorziehen.[3]

Die ersten Rufe nach einer hormonellen Verhütung für den Mann ertönten, als Mitte der 1970er Jahre viele Frauen der Pille überdrüssig wurden. Die ersten Versuche fanden bereits in den 1950er Jahren statt.[4] Auch in der DDR forschte man in dieser Richtung und fand heraus, dass anabole Steroide die Spermienbildung zu hemmen vermögen. Anfang der 1960er Jahre entwickelte Jenapharm das Präparat *Oral-Turinabol*, dessen verhütende Nebenwirkung zwar bekannt war, in dieser Funktion aber nicht zum Einsatz kam.[5]

In Westdeutschland ist seit 1978 *Andriol* auf dem Markt, ein Medikament, das bei einem Mangel von Testosteron verabreicht wird. Dabei handelt es sich um eine testosteronhaltige Kapsel, die in Kombination mit einem Gestagen als Verhütungsmittel denkbar wäre. In den USA wird daran gearbeitet, dieses Medikament auch für die Verhütung zuzulassen.[6] Um zur Marktreife zu gelangen, müssten allerdings viele weitere Studien mit einer hohen Anzahl an Probanden folgen. Zudem fehlen noch Erkenntnisse darüber, welche Nebenwirkungen Gestagene auf den Körper des Mannes haben könnten.

1973 gründete die Weltgesundheitsorganisation (WHO) eine Arbeitsgruppe (Task Force on Methods for the Regulation of Male Fertility), die seitdem die hormonelle Verhütung für den Mann erforscht. In ihren ersten beiden groß angelegten Studien wurden Probanden Testosteronspritzen verabreicht, um die Produktion und Reifung der Spermien zu hemmen.[7] Bei 60 Prozent der Anwender war nach einem halben Jahr die Produktion der Spermien vorübergehend gestoppt. Von den Männern, die nach den sechs Monaten der Testosteronzufuhr noch immer eine geringe Spermienkonzentration aufwiesen, waren nur noch acht von 100 fruchtbar.[8] Die häufigen Arztbesuche und wöchentlichen Injektionen wurden allerdings als aufwendig empfunden, und die hohe Testosterondosierung führte zu Gewichtszunahmen und Akne. Außerdem veränderten sich die Blutfette, sodass das Risiko, an einer Arteriosklerose zu erkranken, stieg. Trotzdem wertete man diese ersten Ergebnisse als vielversprechend.

Inzwischen gibt es neuere Testosteronpräparate *(Testosteronundecanoat)*, die länger wirken und somit nur alle acht bis zwölf Wochen gespritzt werden müssen. Doch bei allen untersuchten Methoden dauerte es Wochen, manchmal sogar Monate, bis die Produktion der Spermien gehemmt wurde. Die hormonelle Verhütung müsste mit dieser Methode also langfristig geplant werden. Ebenfalls dauert es nach Absetzen des Medikamentes wiederum Monate, bis die Zeugungskraft wiederhergestellt ist. [9]

Die dritte WHO-Studie, die 1994 in 15 internationalen Forschungszentren durchgeführt wurde, feierte große Erfolge: 346 Männer ließen sich zwei Jahre lang ein synthetisches Testosteron spritzen. Nach 68 bis 100 Tagen trat die verhütende Wirkung ein. Tatsächlich wurde bei 60 Prozent der Teilnehmer die Samenproduktion komplett gestoppt. Bei den übrigen 40 Prozent verringerte sich die Samenzahl so stark, dass auch sie vorübergehend unfruchtbar waren. Obwohl diese Wirkung fünf Monate lang anhielt, und die Studie als sehr erfolgreich angesehen wurde, entschied die WHO 1996 aus finanziellen Gründen, die Forschung zur männlichen Kontrazeption einzustellen.

Auf Initiative des deutschen Studienleiters Professor Dr. Eberhard Nieschlag vom Institut für Reproduktionsmedizin und Andrologie der Universität Münster trafen sich die an den WHO-Studien beteiligten Forscher in den folgenden 13 Jahren weiter zu «Summit Meetings on Male Contraception». Zu ihren privat finanzierten Zusammenkünften kamen sogar Vertreter der Zulassungsbehörden aus Schweden und Amerika sowie Vertreter der Pharmafirmen Organon und Schering. Letztere waren schließlich bereit, eine gemeinsame Studie zu sponsern, die ebenfalls erfolgreich verlief, sodass dieses Programm seitens der Pharmafirmen fortgesetzt werden sollte. Bei den «Summit Meetings» wurden bereits Kriterien definiert, die für die Zulassung einer männlichen Kontrazeption gelten sollten. Doch das Vorhaben scheiterte, nachdem die beiden Pharmafirmen jeweils an größere Konzerne verkauft worden waren. [10] Nach Aussage von Professor Dr. Eberhard Nieschlag hatten «diese großen Konzerne [...] an so einem Nischenprodukt wie Kontrazeption kein Interesse [...] darum haben sie die männliche Kontrazeption und auch die Entwicklung neuer Testosteronpräparate über Bord geworfen.»[11]

Eine vierte und bisher letzte WHO-Studie rückte die Verhütungsspritze für den Mann noch einmal in greifbare Nähe, weil sie ähnlich gute Ergebnisse lieferte wie die vorherige, bis auch sie im Jahre 2011 überraschend abgebrochen wurde. Die öffentliche Begründung dafür lautete, es seien Nebenwirkungen wie Depressionen und Gewichtszunahmen aufgetreten. Der Abbruch der Studie erstaunt Professor Dr. Eberhard Nieschlag bis heute, da die Verhütungssicherheit als hervorragend bewertet wurde.[12] Und wenn man bedenkt, dass die aufgeführten Nebenwirkungen seit der Markteinführung der Antibabypille für viele Frauen ständige Begleiterscheinungen darstellen, klingt die Begründung für den Studienabbruch fast sarkastisch.

Hinzu kommt, dass bei jener 2011 abgebrochenen WHO-Studie auch die Männer, denen das Placebo verabreicht worden war, über Beschwerden klagten und auch bei ihnen Depressionen aufgetaucht waren. Dieser Befund gibt zu bedenken, wie man die Angabe der Nebenwirkungen einzuschätzen hat – ein Aspekt, der in den männlichen Kontrazeptionsstudien bisher vernachlässigt wurde. Außerdem existieren noch immer keine Standards zur Bewertung der Nebenwirkungen. Im Interview berichtete mir Professor Nieschlag, dass die untersuchten Männer, die aus vielen Teilen der Welt kamen, Fragenbögen ausfüllen mussten, in denen sie ihr Wohlergehen nach der Behandlung beschreiben sollten. Eine Frage betraf ihre Befindlichkeit: Männer wurden nach «mood/depression» gefragt. Bei der genauen Analyse aber stellte sich heraus, dass die Definition von «mood/depression» nicht eindeutig geklärt war: So hat zum Beispiel «depression» in Indonesien eine andere

Bedeutung als in England. Es ist also fraglich, welchen Wert die Angaben der Männer haben, die nach der Injektion von Depressionen als Begleiterscheinung berichteten. Handelte es sich tatsächlich um klinische Depressionen oder lediglich um eine Stimmungsschwankung? Eine abschließende Auswertung der WHO-Studie wird erst Ende 2015 erwartet.

Das Argument, das vonseiten der Pharmaindustrie angeführt wird und ihres Erachtens gegen die hormonelle Verhütung für den Mann spricht, ist die geringe Akzeptanz der Männer, sich mehrmals im Jahr eine Spritze verabreichen zu lassen. Viele Männer, mit denen ich sprach, behaupteten dagegen, diese Prozedur durchaus über sich ergehen lassen zu wollen. Mittlerweile werden auch Versuche unternommen, die Hormone in Form eines Testosteron-Gestagen-Gels zu verabreichen, das zum Beispiel den Vorteil hat, es selbst anwenden zu können, ohne vom Arzt oder von der Krankenschwester eine Spritze zu erhalten. Natürlich müsste die Spermienkonzentration weiterhin regelmäßig kontrolliert werden, um sich der verhütenden Wirkung sicher zu sein. Zwar wird noch an einer optimalen Mischung und dem richtigen Lösungsverhältnis geforscht, klinische Studien aber zeigen schon jetzt, dass das Verfahren nicht nur funktioniert, sondern auch von den Probanden mit Begeisterung angenommen wird.[13]

Der Blick auf die vielen, vielversprechenden Forschungsergebnisse lässt vermuten, dass es derzeit einfach keine Lobby für die Pille für den Mann gibt. Das war bei der Antibabypille damals anders: Sie hatte mit den Frauenrechtlerinnen Margaret Sanger und Katharine McCormick zwei große Fürsprecherinnen, die den Biologen Gregory Pincus mit großen Geldsummen bei seinen Bemühungen zur Entwicklung der Antibabypille unterstützten. Wäre die

Pille für den Mann womöglich längst auf dem Markt, wenn sie so enthusiastische und spendable Vorkämpfer hätte?

Die Ausgangssituation und die Motivation, die zur Entstehung der Antibabypille führten, waren allerdings deutlich andere, als sie sich beim Mann heute darstellen: McCormick, Sanger und viele andere Suffragetten zuvor wollten die Frauen von der vorherrschenden Abtreibungspraxis befreien. Noch immer werden in vielen Entwicklungsländern Abtreibungen durchgeführt, die mit einer hohen Todesrate einhergehen. Für die Frau kann der verhütende Schutz also im Extremfall eine Frage des Überlebens darstellen: Zum einen geht es um ihre physische Gesundheit, zum anderen um die Planung ihrer Zukunft. Schwangerschaft und Geburt strapazieren den weiblichen Körper in extremster Form. Leben hervorzubringen ist eine Leistung, deren körperliche Bewältigung fast an ein Wunder grenzt. Insofern bleibt das Interesse der Frau an der Verhütung stets ein anderes, denn die Frau ist mit ihrem eigenen Körper involviert. Der Mann möchte mit chemischer Verhütung zwar die Verantwortung übernehmen und gleichberechtigt handeln, doch wird diese Entscheidung aus emotionalen oder intellektuellen Gründen getroffen, während die Verhütung für die Frau eine existenzielle Bedeutung annehmen kann.

Vielleicht lohnt sich der hohe und teure Forschungsaufwand für die Pharmaindustrie erst, wenn auch die Pille für den Mann mit Lifestyle-Aspekten punkten könnte. Eine bekannte Nebenwirkung klingt bereits erfolgversprechend: Das zugeführte Testosteron schafft nämlich eine Zunahme an Gewicht, aber nicht an Körperfett, sondern an reiner Muskelmasse – das wäre doch die Erfüllung vieler Männerträume. Was fehlt der «Männerpille» noch, damit die Pharmaindustrie das große Geschäft mit ihr wittert?

Vielleicht würde der Mann irgendwann mit Freude für die hormonelle Verhütung sorgen, weil der Hormoncocktail zusätzlich potenzsteigernd wirkt, erste Geheimratsecken beseitigt und ganz nebenbei auch noch für einen Waschbrettbauch sorgt. Die attraktive Muskelmasse könnte schon jetzt als erwünschte Nebenwirkung mitgeliefert werden.

7. Nebenwirkungen erwünscht – wie wir unsere sexuelle Befreiung verspielen

Als die Antibabypille Anfang der 1960er Jahre auf den Markt kam, bot sie den Frauen die Möglichkeit, sich selbst zu verwirklichen und ein selbstbestimmtes Leben zu führen – entgegen den damals vorherrschenden gesellschaftlichen Konventionen. Somit stellt sie seit ihren Anfängen ein Lifestyle-Produkt dar, denn Frauen nahmen und nehmen die Pille in der Regel nicht, weil sie krank sind, sondern um ohne die Angst vor einer ungewollten Schwangerschaft ihre Sexualität ausleben zu können. Standen jedoch in der ersten Generation der Pillennutzerinnen die Verhütung sowie die Linderung von Menstruationsschmerzen im Vordergrund, dreht sich im 21. Jahrhundert vieles um kosmetische Wünsche: Über ein halbes Jahrhundert nach seiner Markteinführung ist das Medikament weniger das sexuell befreiende Verhütungsmittel, sondern für viele Mädchen eine Möglichkeit, sich «schönzuschlucken». Denn die Pille lockt mit schnellen Lösungen, um reinere Haut, größere Brüste oder eine schlankere Figur zu erhalten. Die Mädchen glauben, ihr Aussehen durch die Einnahme der Pille verbessern und ihre Weiblichkeit somit optimieren zu können.

Litt eine Frau unter starker Akne, bot die Pille *Diane* seit 1978 die Möglichkeit, sie mit einem besonderen, antiandrogen wirkenden Gestagen von ihren Pickeln zu erlösen. Einer Frau, die an einer Hautkrankheit leidet, welche durch Hormone leicht zu beheben ist, zu einem besseren Hautbild zu verhelfen, ist erst einmal nicht verwerflich. Mittlerweile aber scheint körperliche Perfektion ein zentrales Bedürfnis vieler Menschen darzustellen und bei einem Großteil der Frauen und Mädchen ist die Tendenz zu beobachten, selbst die kleinste Unvollkommenheit nicht mehr ertragen zu wollen. Mithilfe der Pille scheinen selbst winzige Makel behoben werden zu können.

Wir sind umgeben von Arzneimitteln, die vorgeben, unseren Alltag erleichtern zu können. Dabei müssen wir uns nicht mehr anstrengen, sondern nur noch eine Tablette einnehmen, um den erwünschten Effekt herbeizuführen. Und in einer sich immer komplexer gestaltenden Welt, in der Zeit und Muße selten geworden sind, klingt das Versprechen verführerisch, nicht seine Gewohnheiten ändern zu müssen, sondern einfach eine Pille einwerfen zu können. Mit dieser Erwartungshaltung steht die Frau nicht alleine da: Auch für den Mann stehen mittlerweile Möglichkeiten bereit, ihn medikamentös dabei zu unterstützen, sexuelle und körperliche Höchstleistungen zu vollbringen. Ist ein Verlangen erst einmal geweckt und die Pharmaindustrie bereit, das Bedürfnis zu bedienen, wird das Produkt zum Verkaufsschlager.

Viele der von mir befragten Mädchen können sich ein Leben ohne die Pille gar nicht mehr vorstellen – obwohl sie zum Teil noch gar nicht an Verhütung denken. Sie versprechen sich von dem Medikament eine Verbesserung ihrer Lebensqualität, denn die Pille ist für die meisten Teenager als ein die Haut verschönerndes Mittel unverzichtbar geworden. Als Konsumgut lockt sie mit ihren verschönernden Möglichkeiten und liegt im Trend der Zeit, in der das richtige Styling, eine gute Figur und ein strahlender Teint Erfolg versprechen – und wir bereit sind, unser Denken

und Handeln diesen marktwirtschaftlichen Regeln anzu-
passen. Jugendforscher sprechen von einem gesellschaftlichen Wandel, der auch die Ideale der Jugend verändert hat.
Während sich bis in die 1980er Jahre hinein junge Menschen rebellisch und kritisch zeigten, finden sich heute weit
mehr angepasste «Mitläufer», die sich nicht aus der Masse
abheben, sondern in erster Linie attraktiv sein wollen.[1]

Noch die zweite Pillengeneration wuchs in Ost- wie
in Westdeutschland mit Idealen wie der traditionellen Familie und der unbefristeten Arbeitsstelle auf. Zwar zeigen
Umfragen, dass diese Werte auch für heutige Jugendliche
von enormer Bedeutung sind, und manche Forscher sprechen in diesem Zusammenhang sogar von einer Art «Neo-
Biedermeier»,[2] doch entspricht diese Ausrichtung wohl
eher dem Wunsch nach Sicherheit und Rückhalt, um jenseits der kühlen, rationalen Gesetze des Marktes einen
Schutzraum zu finden, als der Lebensrealität der Jugendlichen. In der Shell-Studie ist seit 2002 von der «pragma-
tischen Jugend» die Rede. Castingshows führen ihr vor
Augen, was vom Einzelnen verlangt wird, nämlich sich
selbst zu inszenieren, um erfolgreich zu sein. Wer den eigenen Vorteil nutzt und durch sein «Gesamtpaket» besticht,
geht als Sieger hervor. Einfach nur zu sein erscheint unmöglich, denn es ist nur derjenige etwas wert, der im
marktökonomischen Sinn produktiv ist und etwas leistet.[3]

Die sexuelle Befreiung stand auch für einen respekt-
vollen, selbstbestimmten Umgang mit sich selbst und dem
eigenen Körper. So richtete sich in der ersten Pillengeneration der Blick der Frauen nach innen, suchte die eigene
Körperlichkeit und legte die individuellen Bedürfnisse,
Sehnsüchte und Wünsche frei. Die Pille schuf den Freiraum
dafür. Heute sind die verschönernden Nebenwirkungen
des Verhütungsmittels in den Vordergrund gerückt, und

die meisten – gerade jungen – Frauen nehmen dies dankbar an, weil es ihnen die Möglichkeit bietet, den eigenen Marktwert zu steigern. Indem wir uns zunehmend auf Äußerlichkeiten fokussieren, verspielen wir langsam das, was uns einst sexuell befreite – denn mit unseren eigenen, wahren Bedürfnissen und der eigenen Körperlichkeit können wir heute nur noch wenig anfangen.

Anmerkungen

1. Vom Verhütungsmittel zur Lifestyle-Droge

1 Karl-Heinz Mehlan: *Wunschkinder? Familienplanung, Antikonzeption und Abortbekämpfung in unserer Zeit.* Berlin 1969, S. 106 und ders.: «Der Nächste bitte», Deutscher Fernsehfunk, 28.5.1968.
2 Statistisches Bundesamt (Hrsg.): *Geburten in Deutschland 2012.* Wiesbaden 2012, S. 6.
3 Bundeszentrale für gesundheitliche Aufklärung (Hrsg.): *Jugendsexualität 2010. Repräsentative Wiederholungsbefragung von 14- bis 17-Jährigen und ihren Eltern.* Köln 2010, S. 167.
4 Robert Koch Institut Berlin (Hrsg.): *Arzneimittelkonsum, Gesundheit und Inanspruchnahme des Gesundheitssystems.* Berlin 2008, S. 151.
Interview mit Dr. Corinna Vogt-Hell, Gynäkologin in Frankfurt am Main, am 22.11.2011 für die Dokumentation «Die Pille und ich. Über Mädchen, Lifestyle, Sexualität und Verhütung». Im Film, der am 24. April 2012 auf *Arte* ausgestrahlt wurde, sind unter anderem auch verschiedene Werbegeschenke zu sehen.
5 «Die Pille und ich. Über Mädchen, Lifestyle, Sexualität und Verhütung», Erstausstrahlung am 24. April 2012 auf *Arte*. Ein Film von Katrin Wegner, Redaktion: Sabine Rollberg, produziert von Eikon Media (Ulli Pfau und Thorsten Neumann).
6 «Das Unbehagen an der Pille», in: *Der Spiegel*, 31.1.1977, S. 40.

2. Das Symbol sexueller Befreiung (1960er und 1970er Jahre)

Moral versus Lust – die Einführung der Antibabypille in Westdeutschland

1 Beate Keldenich: *Die Geschichte der Antibabypille von 1960 bis 2000. Ihre Entwicklung, Verwendung und Bedeutung im Spiegel*

zweier medizinischer Fachzeitschriften: «Zentralblatt der Gynäkologie» und «Lancet». Aachen 2002, S. 65.

2 Bernard Asbell: *Die Pille und wie sie die Welt veränderte.* München 1996, S. 177 ff.

3 Hans-Georg Koch: «Bundesrepublik Deutschland», in: ders. und Albin Eser (Hrsg.): *Schwangerschaftsabbruch im internationalen Vergleich. Rechtliche Grundlagen – Soziale Rahmenbedingungen – Empirische Grunddaten.* Teil 1: Europa. Band 21. Baden-Baden 1988, S. 47.

4 Franz X. Eder: *Kultur der Begierde. Eine Geschichte der Sexualität.* München 2009, S. 220 f.

5 Christian de Nuys-Henkelmann: «<Wenn die rote Sonne abends im Meer versinkt …> Die Sexualmoral der fünfziger Jahre», in: Anja Bagel-Bohlan und Michael Salewski (Hrsg.): *Sexualmoral und Zeitgeist im 19. und 20. Jahrhundert.* Opladen 1990, S. 112 ff.

6 Einige Namen der genannten Zeitzeuginnen wurden auf Wunsch der Interviewpartnerinnen geändert.

7 Eva-Maria Silies: *Liebe, Lust und Last. Die Pille als weibliche Generationserfahrung in der Bundesrepublik 1960–1980.* Göttingen 2010, S. 79 ff.

8 *Constanze,* Heft Nr. 4, 28.11.1961, S. 10 ff.

9 Dagmar Herzog: «Between Coitus and Commodification. Young West German Women and the Impact of the Pill», in: Axel Schildt und Detlef Siegfried (Hrsg.): *Between Marx and Coca-Cola: Youth Cultures in Changing European Societies. 1960–1980.* Oxford 2005, S. 273.

10 Lara V. Marks: *Sexual Chemistry. A History of the Contraceptive Pill.* London 2001.

11 Alfred Charles Kinsey, Wardell B. Pomeroy und Clyde E. Martin: *Das sexuelle Verhalten des Mannes.* Frankfurt am Main 1955 (US-Originalausgabe 1948).

12 Dagmar Herzog: «The Reception of the Kinsey Reports in Europe», in: *Sexuality and Culture,* 10/2006, S. 39–48.

13 Alfred Charles Kinsey: *Das sexuelle Verhalten der Frau.* Frankfurt am Main 1954 (US-Originalausgabe 1953).

14 Hilde Thurnwald: *Gegenwartsprobleme Berliner Familien. Eine soziologische Untersuchung.* Berlin 1948, S. 201.

15 Ludwig von Friedeburg: *Die Umfrage in der Intimsphäre.* Stuttgart 1953.

16 «Schundliteratur», in: *Abendzeitung,* 24.6.1949, zitiert in: Sybille

Steinbacher: *Wie der Sex nach Deutschland kam*. München 2011, S. 27.

17 Sylvia Lott: *Die Frauenzeitschriften von Hans Huffzky und John Jahr. Zur Geschichte der deutschen Frauenzeitschrift zwischen 1933 und 1970*. Berlin 1985, S. 443.

18 Bundesgesetzblatt I, S. 377, zitiert in: Hans-Hermann Hartwich: *Sozialstaatspostulat und gesellschaftlicher Status quo*. Wiesbaden 1978, S. 399.

19 Elisabeth Noelle und Erich Peter Neumann: *Jahrbuch der öffentlichen Meinung 1947–1955*. Allensbach 1956, S. 124.

20 Sybille Steinbacher: *Wie der Sex nach Deutschland kam. Der Kampf um Sittlichkeit und Anstand in der frühen Bundesrepublik*. München 2011, S. 267.

21 *Deutsches Ärzteblatt*, 66/1969, S. 3221.

22 Christian de Nuys-Henkelmann (wie Anmerkung 5), S. 115.

23 *Deutsches Ärzteblatt*, 44/1957, S. 1232.

24 Sybille Buske: *Fräulein Mutter und ihr Bastard. Eine Geschichte der Unehelichkeit in Deutschland 1900–1970*. Göttingen 2004, S. 196.

25 Merith Niehuss: *Familie, Frau und Gesellschaft. Studien zur Strukturgeschichte der Familie in Westdeutschland 1945–1960*. Göttingen 2001, S. 334.

26 Heinz Hunger: *Das Sexualwissen der Jugend*. München/Basel 1960, S. 191.

27 Gerhard Wurzbacher: *Gesellschaftsformen der Jugend*. München 1966, S. 25.

28 Gunter Schmidt und Volkmar Sigusch: «Veränderungen in den sechziger Jahren (BRD)», in: Gunter Schmidt (Hrsg.): *Jugendsexualität. Sozialer Wandel, Gruppenunterschiede, Konfliktfelder*. Stuttgart 1993, S. 16.

29 Franz X. Eder (wie Anmerkung 4), S. 217.

30 Christian de Nuys-Henkelmann (wie Anmerkung 5), S. 112 ff.

31 Franz X. Eder (wie Anmerkung 4), S. 217.

32 Hans Giese und Gunter Schmidt: *Studenten-Sexualität. Verhalten und Einstellung*. Reinbek 1968.

33 Eva-Maria Silies: *Liebe, Lust und Last. Die Pille als weibliche Generationserfahrung in der Bundesrepublik 1960–1980*. Göttingen 2010, S. 129 ff.

34 «Anti-Baby-Pillen nur für Ehefrauen? Spiegel-Gespräch mit dem Direktor der Universitäts-Frauenklinik Göttingen, Professor Dr. Heinz Kirchhoff», in: *Der Spiegel*, 9/1964, S. 79.

35 Ulrich Schippke: «Die Pille und die Moral in Deutschland», in: *Der Stern*, 23/1966, S. 57 f.

36 Peter Nischan und Klaus Ebeling: «Oral Contraceptives Containing Chlormadinone Acetate and Cancer Incidence at Selected Sites in the German Democratic Republic. A Correlation Analysis», in: *International Journal of Cancer*, 34/1984, S. 671–674.

37 Siegfried Ernst: *Das größte Wunder ist der Mensch. Antwort auf die sexuelle Konter-Evolution*. Buxheim 1974, S. 58.

38 Allgemeiner Studentenausschuss, der die Studenten an der Universität vertritt.

39 *Deutsches Ärzteblatt*, 42/1957, S. 165 ff. und S. 454 ff.

40 «Ulmer Denkschrift. Zu dem Aussprache-Beitrag in Heft 40/1965», in: *Deutsches Ärzteblatt*, 62/1965, S. 2138.

41 Alfred Charles Kinsey (wie Anmerkung 13).

42 Ralf Dose: *Die Durchsetzung der chemisch-hormonellen Kontrazeption in der Bundesrepublik Deutschland*. Berlin 1989.

43 *The Tablet* ist eine katholische Wochenzeitschrift in Großbritannien, die 2008 in einer Umfrage die Zahlen von Katholikinnen, die die Pille konsumieren, ermittelte, vgl. www.thetablet.co.uk/article/11769, Zugriff am 25.04.2015.

44 Gunther Amendt: *SexFront*. Frankfurt am Main 1970.

45 Wilhelm Reich: *Die Sexualität im Kulturkampf. Zur sozialistischen Umstrukturierung des Menschen*. Kopenhagen 1936.

Sexueller Aufbruch in Ostdeutschland

1 Dr. Martin Brandt, Gynäkologe und Endokrinologe, maßgeblich beteiligt an der Erprobung der Pille in der DDR, Interview am 3.12. 2014.

2 Prof. Dr. Siegfried Akkermann, Professor für Sozialhygiene an der Universität Rostock, Interview am 5.12.2014.

3 Siegfried Akkermann: *Hiergeblieben. Über ärztliches Werden und Wachsen. Die DDR um das Jahr 1961*. Bad Kleinen 2010, S. 30.

4 Prof. Dr. Siegfried Akkermann (wie Anmerkung 2), Interview am 5.12.2014.

5 Siegfried Akkermann: (wie Anmerkung 3), S. 31.

6 Ebd., S. 30 f.

7 Karl-Heinz Mehlan: *Wunschkinder?* Berlin 1968, S. 62 f.

8 Daphne Hahn: *Modernisierung und Biopolitik. Sterilisation und*

Schwangerschaftsabbruch in Deutschland nach 1945. Frankfurt am Main 2000, S. 225–231.

9 Michi Knecht: *Zwischen Religion, Biologie und Politik. Eine kulturanthropologische Analyse der Lebensschutzbewegung.* Münster 2006, S. 161.

10 In der DDR gab es kein individuelles Klagerecht gegen die Entscheidung von Verwaltungen. So blieben die Eingaben die einzige Möglichkeit, um sich zu wehren. Allerdings waren diese Petitionen lediglich eine Form, seinen Protest auszudrücken, einen Rechtsanspruch auf Erfüllung der Anliegen gab es nicht.

11 Lothar Mertens: *Wider die sozialistische Familiennorm. Ehescheidungen in der DDR 1950–1989.* Wiesbaden 1998.

12 Christa Mahrad: *Schwangerschaftsabbruch in der DDR. Gesellschaftliche, ethische und demographische Aspekte.* Frankfurt am Main 1987, S. 52 ff.

13 Annette Leo und Christian König: *Die «Wunschkindpille». Weibliche Erfahrung und staatliche Geburtenpolitik in der DDR.* Göttingen 2015, S. 82 f.

14 Manche Ärzte redeten umgangssprachlich von der «Pincus-Pille», benannt nach ihrem Erfinder Gregory Pincus. Dahinter verbargen sich die Pillenpräparate *Enovid* oder *Anovlar.*

15 Prof. Dr. Hans-Georg Neumann, Facharzt für Gynäkologie, Geburtshilfe und Sozialhygiene, Professor für Sozialmedizin und kommissarischer Direktor des Instituts für Gesundheitswissenschaften der Universität Rostock, Interview am 10.11.2014.

16 Bruno Schönecker: *Die Entwicklung der Steroidchemie in Jena.* Jena 2005, S. 88. Das künstliche Östrogen (17α-Ethinylestradiol) musste importiert werden, als Gestagen diente Chlormadinonacetat, das auf dem Gallensäureweg hergestellt wurde. Danach wurden in Jena, noch zu DDR-Zeiten, zahlreiche andere Präparate entwickelt.

17 Prof. Dr. Hans-Georg Neumann (wie Anmerkung 15), Interview am 10.11.2014.

18 In der DDR wurden Dutzende von staatlichen und nichtstaatlichen Auszeichnungen, Preisen, Orden, Ehrentiteln, Urkunden, Zeugnissen und Medaillen für sozialistische und gesellschaftliche Leistungen vergeben. Vgl. Frank Bartel und Jürgen Karpinski: *Auszeichnungen der Deutschen Demokratischen Republik.* Berlin 1979.

19 Stefan Wolle: *Die heile Welt der Diktatur. Alltag und Herrschaft in der DDR.* Band 2. Berlin 2013, S. 218.

20 Annette Leo und Christian König (wie Anmerkung 13), S. 88.

21 Ebd., S. 90.

22 Prof. Dr. Hans-Georg Neumann (wie Anmerkung 15), Interview am 10.11.2014.

23 Dieter Hannes: «Kind auf Wunsch?», in: *Neues Deutschland*, 13.7. 1968, S. 10.

24 Prof. Dr. Hans-Georg Neumann (wie Anmerkung 15), Interview am 10.11.2014.

25 Annette Leo und Christian König (wie Anmerkung 13), Göttingen 2015, S. 91.

26 Dr. Martin Brandt (wie Anmerkung 1), Interview am 3.12.2014.

27 Wolfgang Bretschneider und Wolfhilde Dierl: *Liebe und Ehe*. Leipzig 1962, S. 198.

28 Prof. Dr. Siegfried Akkermann (wie Anmerkung 2), Interview am 5.12.2014.

29 Prof. Dr. Hans-Georg Neumann (wie Anmerkung 15), Interview am 10.11.2014.

30 *Deutsches Ärzteblatt*, 63/1966, S. 294 und S. 1927. *Deutsches Ärzteblatt*, 62/1965, S. 2641 und S. 2711.

31 Felix Mühlberg: «Die Partei ist eifersüchtig», in: Katrin Rohnstock (Hrsg): *Erotik macht die Häßlichen schön. Sexueller Alltag im Osten*. Berlin 1995, S. 122 ff.

32 Bernd Bittighöfer: «Sozialistische Geschlechtsmoral und Erziehung der jungen Generation zu sittlich wertvoller Partnerschaft», in: *Pädagogik*, 20/9, Berlin (Ost) 1965, S. 791 ff.

33 Rudolf Neubert: *Das neue Ehebuch. Die Ehe als Aufgabe der Gegenwart und Zukunft*. Rudolstadt 1957.

34 Rudolf Neubert: *Die Geschlechterfrage. Ein Buch für junge Menschen*. Rudolstadt 1956, S. 148.

35 Die Freie Deutsche Jugend (FDJ) war in der DDR die Jugendorganisation der SED. Schon die Schulanfänger traten in ihre Vorläufergruppe «Jungpioniere» ein, wurden ab der vierten Klasse zu Thälmannpionieren und wechselten ab der achten Klasse in die FDJ. Diese drei Jugendorganisationen waren die einzigen staatlich geförderten Massenorganisationen, die neben der Schule zum Erziehungssystem gehörten und das Ziel hatten, die Heranwachsenden für den Sozialismus zu formen.

36 Stefan Wolle (wie Anmerkung 19), S. 229.

37 Dirk Böttcher: «Mit Pille und Kondom für den Sozialismus», in: *Spiegel Online*, Panorama, 17.7.2001, http://www.spiegel.de/pano-

rama/karl-heinz-mehlan-mit-pille-und-kondom-fuer-den-sozia-
lismus-a-145531.html (letzter Zugriff am 25.04.2015).

38 Stefan Wolle (wie Anmerkung 19), S. 218.

39 Christa Mahrad (wie Anmerkung 12), S. 77 ff.

40 Prof. Dr. Hans-Georg Neumann (wie Anmerkung 15), Interview
am 10.11.2014.

41 «Ich habe abgetrieben», in: *Der Stern*, 14/1971, 6.6.1971.

42 Bärbel W., Fachärztin für Frauenheilkunde und Geburtshilfe aus
Sachsen, tätig zwischen 1965 und 1995 in Sachsen, Interview am
11.5.2011.

43 Annette Leo und Christian König (wie Anmerkung 13), S. 207.

44 Christa Mahrad (wie Anmerkung 12), S. 80 ff.

45 Kurt Starke: *Junge Partner. Tatsachen über Liebesbeziehungen im
Jugendalter.* Leipzig 1980, S. 136.

46 Kurt Starke und Walter Friedrich: *Liebe und Sexualität bis 30.* Berlin 1987, S. 310.

47 Dr. Martin Brandt (wie Anmerkung 1), Interview am 3.12.2014.

48 Prof. Dr. Hans-Georg Neumann (wie Anmerkung 15), Interview
am 10.11.2014.

49 Aresin Lykke: «Ohne Höhepunkte keine Liebe?», in: *Wochenpost*,
8/1978.

50 Kurt Starke (wie Anmerkung 45), S. 88 f.

51 Siegfried Schnabl: *Mann und Frau intim.* Berlin 1969.

52 Kurt Starke (wie Anmerkung 45), S. 61.

53 Ebd., S. 120.

54 Gunter Schmidt (Hrsg.): *Jugendsexualität. Sozialer Wandel, Gruppenunterschiede, Konfliktfelder.* Stuttgart 1993, S. 7.

55 Kurt Starke (wie Anmerkung 45), S. 75.

56 Lothar Mertens (wie Anmerkung 11), S. 31.

57 Ebd., S. 60.

«Pillen killen» – Pillenkritik und
Frauenbewegung in der BRD

1 Maria Minola Berger: *Die Diskussion um den Schwangerschaftsabbruch im Deutschen Ärzteblatt von 1949 bis 1976.* Dissertation.
Ruhr-Universität Bochum 2010, S. 125 f.

2 Erlebten die meisten Männer und Frauen ihren ersten Geschlechtsverkehr 1966 noch im Alter von 20 Jahren, verjüngte sich das
Durchschnittsalter in nur wenigen Jahren: In den 1970er Jahren

erlebten Mädchen und Jungen ihr «erstes Mal» bereits mit 16 oder 17 Jahren. Vgl. Ulrich Clement: *Sexualität im sozialen Wandel. Eine empirische Vergleichsstudie an Studenten 1966 und 1981*. Stuttgart 1986.

3 Alice Schwarzer: *So fing es an! 10 Jahre Frauenbewegung*. München 1981, S. 39.

4 Hilke Schlaeger: *Mein Kopf gehört mir. Zwanzig Jahre Frauenbewegung*. München 1988.

5 «Das Unbehagen an der Pille», in: *Der Spiegel*, 31.7.1977, S. 40.

6 Beate Keldenich: *Die Geschichte der Antibabypille von 1960 bis 2000. Ihre Entwicklung, Verwendung und Bedeutung im Spiegel zweier medizinischer Fachzeitschriften: «Zentralblatt der Gynäkologie» und «Lancet»*. Aachen 2002, S. 78 ff.

7 Ralf Dose: *Die Durchsetzung der chemisch-hormonellen Kontrazeption in der Bundesrepublik Deutschland*. Berlin 1989, S. 27 ff.

Der stille Protest der Frauen in der DDR

1 Annette Maennel: «Die Pille zwischen Lust und Frust», in: *Weitblick* 1996, S. 20.

2 Informationen des wissenschaftlichen Rates: *Die Frau in der sozialistischen Gesellschaft*. Heft 6. Berlin 1986, S. 7–9.

3 Staatliche Zentralverwaltung für Statistik (Hrsg.): *Statistisches Jahrbuch der DDR 1989*. Berlin (Ost), S. 352.

4 Hildegard Maria Nickel: «Mitgestalterinnen des Sozialismus. Frauenarbeit in der DDR», in: Gisela Helwig und Hildegard Maria Nickel: *Frauen in Deutschland 1945–1992*. Berlin 1993, S. 233 ff.; Lykke Aresin: *Eheprobleme. Kleine Gesundheitsbücherei*. Heft 70. Berlin (Ost) 1964.

5 Lieselotte Hinze: *Zum Einfluss der Berufstätigkeit und der soziofamiliären Bedingungen auf die Gesundheit der Frau. Eine sozialmedizinische Studie*. Dissertation. Medizinische Akademie Magdeburg 1979.

6 Otmar Kabat vel Job: «Wo die Liebe hinfällt», in: ders. und Uta Bruhm-Schlegel: *Junge Frauen heute. Wie sie sind – was sie wollen*. Leipzig 1981.

3. «Wir amüsieren uns zu Tode»
(1980er und 1990er Jahre)

Die Pille als Reifezeichen

1 Volker Sigusch und Gunter Schmidt: *Jugendsexualität. Dokumentation einer Untersuchung.* Stuttgart 1973; Bundeszentrale für gesundheitliche Aufklärung (Hrsg.): *Jugendsexualität 2006. Repräsentative Wiederholungsbefragung von 14- bis 17-Jährigen und ihren Eltern.* Köln 2006.
2 Cornelia Helfferich: *Jugend, Körper und Geschlecht. Die Suche nach sexueller Identität.* Opladen 1994, S. 69.
3 In der DDR nahmen Anfang der 1980er Jahre schon 11 Prozent der 14-jährigen Mädchen die Pille, bei den 16-Jährigen waren es 20 Prozent und bei den 18-Jährigen lag die Zahl bei 64 Prozent (Walter Friedrich und Kurt Starke: *Liebe und Sexualität bis 30.* Berlin 1984, S. 315 f.). In Westdeutschland waren es unter den 18-jährigen Mädchen 75 Prozent (Gunter Schmidt (Hrsg.): *Jugendsexualität. Sozialer Wandel, Gruppenunterschiede, Konfliktfelder.* Stuttgart 1993, S. 63).

«Ich will Spaß, ich geb Gas»

1 Neil Postman: *Wir amüsieren uns zu Tode. Urteilsbildung im Zeitalter der Unterhaltungsindustrie.* Frankfurt am Main 1985.
2 Norbert Kluge und Tannwald Schmidt: *Sexualität und Kontrazeption aus der Sicht Jugendlicher und ihrer Eltern.* Hrsg. von der Bundeszentrale für gesundheitliche Aufklärung. Köln 1998.
3 Gunter Schmidt, Dietrich Klusmann und Uta Zeitzschel: «Veränderungen der Jugendsexualität zwischen 1970 und 1990», in: *Zeitschrift für Sexualforschung* 3/1992, S. 191 ff.
4 Andrea Lehner-Hartmann: «Kindliche Sexualität – (k)ein Thema?», in: *Religionspädagogische Beiträge,* 35/1995, S. 133 ff.
5 Ebd.

Liebe, Lust und Glasnost

1 Uta Kolano: *Kollektiv d'Amour.* Berlin 2012, S. 70.
2 Eva Sänger: *Begrenzte Teilhabe. Ostdeutsche Frauenbewegung und Zentraler Runder Tisch in der DDR.* Frankfurt am Main 2005, S. 84.

3 Kurt Starke und Walter Friedrich: *Liebe und Sexualität bis 30.* Berlin 1984, S. 121 f.

4 Ebd., S. 202 f.

5 Ebd.

6 Harald Stumpe und Konrad Weller: *Familienplanung und Sexualpädagogik in den neuen Bundesländern,* herausgegeben von der Bundeszentrale für gesundheitliche Aufklärung. Köln 1995.

7 Aufklärungsfilm zum Thema Aids, Hygienemuseum von Dresden 1986.

8 Uta Kolano (wie Anmerkung 1), S. 88 f.

9 Konrad Weller: *Der Partner-III-Report. Jugendsexualität. Sexualität und Partnerschaft der 16- bis 18jährigen Ostdeutschen im Vergleich 1980–1990.* Leipzig 1991.

«Abschied von der sexuellen Revolution»
im Zeitalter von Aids

1 Gunter Schmidt: *Sexuelle Verhältnisse. Über das Verschwinden der Sexualmoral.* Reinbek 1998.

2 Hans Bardeleben, Ralf Fieberg und Bruno W. Reimann: *Abschied von der sexuellen Revolution. Liebe und Sexualität der «Nach-68er-Generation» in Zeiten von Aids.* Berlin 1995, S. 17.

3 Ebd., S. 16.

4 Ebd., S. 18.

5 Bundeszentrale für gesundheitliche Aufklärung (Hrsg.): *Sexualität und Kontrazeption aus der Sicht der Jugendlichen und ihrer Eltern.* Köln 1998, S. 5.

6 Ebd., S. 58.

7 Volkmar Sigusch: *Neosexualitäten. Über den kulturellen Wandel von Liebe und Perversion.* Frankfurt am Main 2005.

8 Hans Bardeleben (Hrsg.): *Abschied von der sexuellen Revolution. Liebe und Sexualität der «Nach-68er-Generation» in Zeiten von Aids. Ergebnisse sozialwissenschaftlicher Aidsforschung.* Band 15. Berlin 1995, S. 106.

9 Ebd., S. 109 f.

4. Generation Ego?

Liebe, Sexualität und Partnerschaft
im 21. Jahrhundert

1 Bundeszentrale für gesundheitliche Aufklärung (Hrsg.): *Jugend-sexualität 2010. Repräsentative Wiederholungsbefragung von 14-bis 17-Jährigen und ihren Eltern.* Köln 2010.

2 Georg Neubauer: «Sexualität im Jugendalter. Zwischen Promis-kuität und lebenslanger Bindung», in: Wilhelm Heitmeyer (Hrsg.): *Individualisierung von Jugend.* Weinheim/Basel 2011, S. 115–127.

3 Bundeszentrale für gesundheitliche Aufklärung (wie Anmer-kung 1) S. 7.

4 Bundeszentrale für gesundheitliche Aufklärung (wie Anmer-kung 1), S. 6.

5 Ebd., S. 40 ff.

6 Konrad Weller: *PARTNER 4. Sexualität & Partnerschaft ostdeut-scher Jugendlicher im historischen Vergleich.* Merseburg 2013, S. 4.

7 Gunter Schmidt (Hrsg.): *Jugendsexualität. Sozialer Wandel, Grup-penunterschiede, Konfliktfelder.* Stuttgart 1993, S. 4 und 29.

8 Bundeszentrale für gesundheitliche Aufklärung (wie Anmer-kung 1), S. 148 f.

9 Bernd Siggelkow und Wolfgang Büscher: *Deutschlands sexuelle Tragödie. Wenn Kinder nicht mehr lernen, was Liebe ist.* Asslar 2008.
Walter Wüllenberger: «Voll Porno!», in: *Der Stern,* 14.2.2007. Wül-lenberger behauptete in einem Artikel, dass Kinder heutzutage keine Liebe mehr lernen und Eltern mit ihren Kindern Hardcore-Pornofilme anschauen würden. In der *Süddeutschen Zeitung* ver-kündeten Christine Zerwes und Christoph Cadenbach 2009, die Jugend von heute schaue bereits mit 12 Jahren Pornos, habe mit 13 Sex und sei mit 14 schwanger.

10 Konrad Weller (wie Anmerkung 6), S. 8.

11 Ebd., S. 3.

12 Institut für Jugendforschung: *Jugendstudie. Wien 2012,* zitiert in: Bernhard Heinzlmaier und Philipp Ikrath: *Generation Ego. Die Werte der Jugend im 21. Jahrhundert.* Wien 2013, S. 43.

13 Ebd., S 106.

14 Bernhard Heinzlmaier und Philipp Ikrath: *Generation Ego. Die Werte der Jugend im 21. Jahrhundert.* Wien 2013.

Die Pille und die Sehnsucht nach Perfektion

1 Bundeszentrale für gesundheitliche Aufklärung (Hrsg.): *Jugend-sexualität 2010. Repräsentative Wiederholungsbefragung von 14-bis 17-Jährigen und ihren Eltern.* Köln 2010, S. 160.

2 Herbert Kuhl und Inka Wiegratz: *Langzyklus. Weniger Menstrua-tionen – weniger Menstruationsbeschwerden – weniger zyklusab-hängige Erkrankungen.* Stuttgart 2010.

3 Dr. Timo Bartels, Facharzt für Schönheitschirurgie in Hamburg, Interview am 28.7.2013, im Rahmen der Recherchen für den Doku-mentarfilm «Neue Nase mit 14. Mädchen und ihr Traum von Schönheit». Ein Film von Katrin Wegner. Erstausstrahlung am 10.9.2013 im ZDF, Sendereihe: 37 Grad (Redaktion: Ingo Witt).

4 Dr. Julia Berkei, Fachärztin für Schönheitschirurgie in Frankfurt am Main, Interview am 2.8.2013 in Frankfurt am Main, im Rahmen der Recherchen für den Dokumentarfilm «Neue Nase mit 14. Mäd-chen und ihr Traum von Schönheit». Ein Film von Katrin Wegner. Erstausstrahlung am 10.9.2013 im ZDF, Sendereihe: 37 Grad (Re-daktion: Ingo Witt).

Pillenwerbung für mehr Lifestyle

1 «Das Unbehagen an der Pille», in: *Der Spiegel*, 31.1.1977, S. 40. Dieses Gerücht hält sich bis heute, obwohl sich diese Wirkung wis-senschaftlich nicht nachweisen lässt.

2 Ebd., S. 41.

3 *BRAVO GIRL!*, 9/1988, S. 77.

4 Die Tonkassette von Schering mit dem Titel «Falling in love – dem Körper zuliebe» war bis Ende Oktober 1987 erhältlich, danach stellte Schering die Abgabe der Kassetten ein. (Senator für Gesund-heit und Soziales Berlin, Referat IV D, Pharmaziewesen, zitiert in: *arznei-telegramm* 6/1995, S. 62.)

5 «Pharma-Brief. Wie sicher ist die neue Pille», in: *Rundbrief der BUKO Pharma-Kampag*ne, 7–8/1988, S. 3.

6 Bei der Antibabypille handelte es sich um *Diane* von Schering.

7 Werbung von Schering Produkt *Diane* in der Fachzeitschrift *Der Gynäkologe*, in Ausgaben von 1994.

8 Lisa Malich: «Vom Mittel der Familienplanung zum differenzieren-den Lifestyle-Präparat. Bilder der Pille und ihrer Konsumentin in gynäkologischen Werbeanzeigen seit den 1960er Jahren in der BRD

und Frankreich», in: *NTM. Zeitschrift für Geschichte der Wissenschaften, Technik und Medizin.* Basel 2012, S. 22.

9 Heike Korzilius: «Lifestyle-Medikamente. Der Pillentrick», in: *Deutsches Ärzteblatt*, 95/1998, S. 1. *Xenical* fördert das Abnehmen, *Propecia* soll gegen Haarausfall wirken und *Viagra* gegen Erektionsstörungen.

10 *Petibelle* von Jenapharm (Produktinformation, Druckzeichen MG0066/10.00) und *Yasmin* von Schering, besprochen in: *arznei-telegramm*, 12/2000, S. 104.

11 Ewald Boschitsch: «Die Pille und das Wohlbefinden. Das neue Gestagen Drospirenon verstärkt positive und reduziert negative Partialwirkungen», in: *Speculum-Zeitschrift für Gynäkologie und Geburtshilfe*, 2/2002, S. 6.

12 *B. Z.*, 15.11.2000, zitiert in: «Neu auf dem Markt – Antibabypille Petibelle/Yasmin», in: *arznei-telegramm*, 12/2000, S. 103.

13 Heide Oestreich: «Anti-Baby-Pille goes Lifestyle», in: *taz*, 16.11. 2000. Gleichzeitig wurde in dem Artikel darüber informiert, dass bei dem Präparat die meisten anderen Nebenwirkungen bestehen blieben.

14 Die Internetseite www.laralove.de stammte von dem Pharmakonzern Grünenthal, der die Pille *Belara* vertreibt (Zugriff am 1.8.2007).

15 «Hauptsache Lifestyle. Wie die Industrie zum Thema Pille desinformiert», in: *Pharma-Brief*, 7/2007, S. 5.

16 www.laralove.de/II/de_de/html/II_de_de_hautundhaare04.ihtm (Zugriff 24.8.2007).

17 Hedwig Diekwisch von der BUKO Pharma-Kampagne Bielefeld, Interview am 17.11.2011.

18 www.petibelle.de: «Der kleine PMS-Check». Zugriff am 30.11. 2007.

19 www.petibelle.de: «Ihr persönliches PMS-Risiko für jeden Tag», Zugriff am 1.12.2007.

20 *Bild der Frau*, 8/2009.

21 *Punkt 12* vom 15. Mai 2009, RTL.

22 www.pille-mit-q.de, Zugriff am 1.12.2012.

23 jolie.de/bildergalerien/der-pillen-vergleich-2304916.html, Zugriff am 15.11.2014.

24 *Bravo Girl*, 13/2003, S. 54.

25 *Mädchen*, 15/2004, S. 28.

26 *Sugar* 0302/2003, S. 115.

27 *arznei-telegramm*, 10/2006, S. 93.

28 Pro Familia: *Familienplanungsrundbrief*, April 2001, S. 19.

29 Pressetext «Belara. Neue Pille mit Beauty-Effekt», aus dem Jahr 2003, http://www.pressetext.com/news/20060622020, Zugriff am 29.04.2015.

30 http://www.youtube.com/watch?v=3urdrrM5Dwo, Zugriff am 17.6.2015.

Das lukrative Geschäft mit der Pille

1 Prof. Dr. Gerd Glaeske, Professor für Gesundheitsökonomie, Gesundheitspolitik und Versorgungsforschung an der Universität Bremen, Interview am 24.11.2011.

2 Klaus Lieb und Simone Brandtönies: «Eine Befragung niedergelassener Fachärzte zum Umgang mit Pharmavertretern», in: *Deutsches Ärzteblatt*, 107/2010, S. 392–398.

3 Gerd Glaeske und Christl Schicktanz: *BARMER GEK Arzneimittelreport 2011*. Berlin 2011, S. 108 f.

4 Jenapharm bot für die Pille *Petibelle* einen SMS-Erinnerungsservice an: www.petibelle.de, Zugriff am 26.10.2001. Im Pressetext heißt es dazu: Pillenanwenderinnen können sich per SMS nach der monatlichen Einnahmepause an die Wiedereinnahme der Pille erinnern lassen, http://www.presseportal.ch/de/pm/100002792/100011781/jetzt-verhuetung-mit-der-pille-in-deutschland-auch-ohne-gewichtszunahme-moeglich, Zugriff am 5.3.2015.

5 Einige der von mir interviewten Frauenärzte äußerten ihren Ärger über die Werbegeschenke, die mit der Pille überreicht werden und gaben an, diese grundsätzlich nicht an ihre Patientinnen weiterzugeben.

5. Kleine Pille – große Wirkung

Wirkweise der Pille und verschiedene Pillentypen

1 Beate Keldenich: *Die Geschichte der Antibabypille von 1960 bis 2000. Ihre Entwicklung, Verwendung und Bedeutung im Spiegel zweier medizinischer Fachzeitschriften: «Zentralblatt der Gynäkologie» und «Lancet»*. Aachen 2002, S. 55 ff.

2 Hans H. Simmer: «On the history of hormonal contraception. Ludwig Haberlandt (1855–1932) and his concept of ‹Hormonal Sterilization›», in: *Contraception*, 01/1970, S. 3–27.

3 Bernard Asbell: *Die Pille – und wie sie die Welt veränderte.* Frankfurt am Main 1998, S. 140 ff.

4 Klaus Roth: *Chemische Leckerbissen.* Weinheim 2014, S. 76.

5 Beate Keldenich (wie Anmerkung 1), S. 78 ff.

Schön und schlank durch die Pille?

1 Lara V. Marks: *Sexual Chemistry. A History of the Contraceptive Pill.* London 2001.

2 Prof. Dr. Herbert Kuhl, Professor für Endokrinologie, Interview am 30.11.2011.

3 G. V. Upton und A. Corbin: «The relevance of the pharmacologic properties of a pro-gestational agent to its clinical effects as a combination oral contraceptive», in: *Yale Journal of Biology and Medicine,* 62/1989, S. 445–457.

4 A. O. Arowojolu, M. F. Gallo und L. M. Lopez: «Combined oral contraceptive pills for treatment of acne», in: *The Cochrane Database of Systematic Reviews,* 6/2012.

5 Michael Ludwig Grave und C. U. Hugo: «Orale Kontrazeptiva mit antiandrogen wirksamer gestagener Komponente», in: *Frauenarzt,* 47/2006, S. 28.

6 Ebd.

7 Prof. Dr. Michael Ludwig, Facharzt für Frauenheilkunde und Geburtshilfe und Endokrinologie in Hamburg, Interview am 16.11.2011.

8 Schering: *Yasmin,* Produktinformation, ohne Druckzeichen, und Jenapharm: *Petibelle,* Produktinformation, Druckzeichen MG0066/10.00, zitiert in: *arznei-telegramm,* 21. November 2000.

9 Jochen Huber, Jean Michel Foidart, W. Wuttke et al.: «Efficacy and tolerability of a monophasic oral contraceptive containing ethinylestradiol and drospirenone», in: *European Journal of Contraception and Reproductive Health Care,* 5/2000, S. 25–34; Jean Michel Foidart, W. Wuttke, G. M. Bouw et al.: «A comparative investigation of contraceptive reliability, cycle control and tolerance of two monophasic oral contraceptives containing either drospirenone or desogestrel», in: *European Journal of Contraception and Reproductive Health Care,* 5/2000, S. 124–134.

10 Jean Michel Foidar: «Effects of a new oral contraceptive containing an antimineralocorticoid progestogen, drospirenone, on the renin-aldosterone system, body weight, blood pressure, glucose tole-

rance, and lipid metabolism», in: *The Journal of Clinical Endocrinology and Metabolism*, 80/1995, S. 1816–1821.

11 Die Lust auf Sex wird vom männlichen Hormon Testosteron gesteuert. Die Pille senkt den Testosteronspiegel auf ein Drittel der Menge, die für die Libido notwendig ist. Der Eiweißkörper SHGB bindet das Testosteron und blockiert damit seine Wirkung. Bei Frauen, die die Pille nehmen, wurde eine um 300 bis 700 Prozent erhöhte Eiweißkörperkonzentration im Blut nachgewiesen. Setzten sie das Präparat ab, normalisierte sich das SHGB wieder. Trotzdem leiden nicht alle der Frauen, die die Pille nehmen, an Lustlosigkeit: Bei neunzig Prozent der Anwenderinnen zeigt die Blockierung des Testosterons keine Auswirkungen. Vgl. Irwin Goldstein und Claudia Panzer: «Can taking the pill dull a woman's desire forever?», in: *New scientist*, 27. Mai 2005.

12 Salvatore Caruso et al.: «Prospective study on sexual behavior of women using 30 microg ethinyl-estradiol and 3 mg drospirenone oral contraceptive», in: *Contraception*, 72/2005, S. 19–23. Vgl. weiterhin: «Kontrazeptivum mit Drospirenon steigert die Lust», in: *Ärzte Zeitung*, 14.9.2005.

Unerwünschte Nebenwirkungen

1 Klaus Roth: *Chemische Leckerbissen*. Weinheim 2014, S. 76 f.

2 Renate Unger, Ursula Lachnit-Fixson und F. Case: «Die Entwicklung der ‹Pille› (Oral Contraceptives)», in: Horst Albach (Hrsg.): *Culture and Technical Innovation. A Cross-Cultural Analysis and Policy Recommendations*. Berlin/New York 1994, S. 942.

3 Beate Keldenich: *Die Geschichte der Antibabypille von 1960 bis 2000. Ihre Entwicklung, Verwendung und Bedeutung im Spiegel zweier medizinischer Fachzeitschriften: «Zentralblatt der Gynäkologie» und «Lancet»*. Aachen 2002, S. 124 ff.

4 Hera Cook: *The Long Sexual Revolution. English Women, Sex, and Contraception 1800–1975*. Oxford 2004, S. 292. Schon früh wurde ebenfalls bekannt, dass Raucherinnen und Frauen aus thromboseerkrankten Familien besonders gefährdet waren.

5 Royal College of General Practitioners: *Oral Contraceptives and Health*. Pitman Medical Publishing Co. 1974.

6 Eva-Maria Silies: *Liebe, Lust und Last. Die Pille als weibliche Generationserfahrung in der Bundesrepublik 1960–1980*. Göttingen 2010, S. 83 f.

7 *Lancet* I/1966, S. 381.

8 Philip C. Hannaford, Lisa Iversen, Tatiana V. Macfarlane et al.: «Mortality among contraceptive pill users. Cohort evidence from Royal College of General Practitioners' Oral Contraception Study», in: *British Medical Journal*, 2010; 340: c 927.

9 Robert W. Haile, Duncan C. Thomas, Valerie McGuire et al.: «RCA1 and BRCA2 mutation carriers, oral contraceptive use and breast cancer before age 50», in: *Cancer Epidemiology, Biomarkers and Prevention*, 15/2006, S. 1863–1870.

10 Regine Sitruk-Ware und Anita Nath: «The use of newer progestins for contraception», in: *Contraception*, 5/2010, S. 410–417.

11 Bei einer Thrombose bildet sich in einem Blutgefäß ein Blutgerinnsel, ein Thrombus, und verengt oder verstopft das Gefäß. Dieses entsteht, wenn «verbrauchtes», sauerstoffarmes Blut nicht mehr ausreichend in Richtung Herz strömen kann. Wird dann der Thrombus mit dem Blutstrom in andere Körperbereiche fortgeschwemmt, kann er die Blutgefäße in der Lunge blockieren. Dadurch kommt die Sauerstoffversorgung der Lunge zum Erliegen, das betroffene Gewebe wird geschädigt und kann absterben. Diese Lungenembolie endet in den meisten Fällen tödlich. Vgl. Beate Keldenich: *Die Geschichte der Antibabypille von 1960 bis 2000. Ihre Entwicklung, Verwendung und Bedeutung im Spiegel zweier medizinischer Fachzeitschriften: «Zentralblatt der Gynäkologie» und «Lancet»*. Aachen 2002, S. 120.

12 Kitty W. M. Bloemenkamp, Frits R. Rosendaal, Frans M. Helmerhorst et al.: «Higher Risk of Venous Thrombosis During Early Use of Oral Contraceptives in Women With Inherited Clotting Defects», in: *Archives of Internal Medicine*, 1/2000, S. 49–52.

13 E. R. Pomp, S. Le Cessie, F. R. Rosendaal et al.: «Risk of venous thrombosis. Obesity and its joint effect with oral contraceptive use and prothrombotic mutations», in: *British Journal of Haematology*, 139/2007, S. 289–296.

14 L. Moores, K. L. Bilello, S. Murin: «Sex and gender issues and venous thromboembolism», in: *Clinics in Chest Medicine*, 25/2004, S. 281–297.

15 Die Bundeszentrale für gesundheitliche Aufklärung fragte Mädchen ein Jahr später, wie viel sie über die Vorfälle mitbekommen hätten und ob sie Konsequenzen daraus zogen: Fast 83 Prozent hatten davon gehört, doch knapp die Hälfte der 16- bis 24-Jähri-

gen unternahm nichts. Nur 30 Prozent suchten ihren Arzt auf,
um mehr darüber zu erfahren, 10 Prozent wechselten die Pillensorte, und lediglich 3,5 Prozent setzten die Pille ab (Bundeszentrale
für gesundheitliche Aufklärung (Hrsg.): *Sexualität und Kontrazeption aus der Sicht der Jugendlichen und ihrer Eltern.* Köln 1998,
S. 89).

16 A. van Hylckama Vlieg et al.: «The venous thrombotic risk of oral
contraceptives, effects of oestrogen dose and progestogen type. Results of the MEGA case-control study», in: *British Journal of Medicine*, 13.8.2009, 339: b 2921; Øjvindet Lidegaard et al.: «Hormon
contraception and risk of venous thromboembolism: national follow-up study», in: *British Medical Journal*, 13.8.2009, 339: b 2921;
Hennessy Sean et al.: «Risk of venous thromboembolism from contraceptives containing gestodene and desogestrel versus levonorgestrel. A meta-analysis and formal sensitivity analysis», in: *Contraception*, 64/2001, S. 125–133; J. M. Kemmeren et al.: «Third generation oral contraceptives and risk of venous thrombosis. A
meta-analysis», in: *British Medical Journal*, 323/2001, S. 131–134,
Susan S. Jick et al.: «Risiko on non-fatal venous thromboembolism
in women using oral contraceptives containing drospirenone com-
pared with women using oral contraceptives containing levonorgestrel. Case-control study using United States claims data», in:
British Medical Journal, 21.4.2011, 342: d 2151.

17 Jürgen C. Dinger, Lothar A. J. Heinemann und Dörthe Kühl-
Habich: «The safety of a drospirenone-containing oral contraceptive. Final results from the European Active Surveillance Study on
oral contraceptives based on 142,475 women-years of observation»,
in: *Contraception*, 75/2007, S. 344–354.

18 J. D. Seeger et al.: «Risk of thromboembolism in women taking
ethinylestradiol/drospirenone and other oral contraceptives», in:
Obstetrics and Gynecology, 110/2007, S. 587–593.

19 Jürgen C. Dinger, K. Bardenheuer und K. Heinemann: «Cardiovascular and general safety of a 24-day regimen of drospirenone-
containing combined oral contraceptives. Final results from the
international active surveillance study of women taking oral contraceptives», in: *Contraception*, 04/2014, S. 253–263. Die Studie wertete die Daten von über 200000 Frauen aus und schloss sämtliche
Risikofaktoren mit ein.

20 Die Information zu dem Risikobewertungsverfahren der kombinierten hormonalen Kontrazeptiva finden sich unter dem folgen-

Sabine B. zum Beispiel setzte die Pille erst mit 61 Jahren ab: «Ich wollte davon gar nicht weg, aber mein Arzt schimpfte mit mir, nun sei es mal an der Zeit, sie abzusetzen. Vielleicht hatte ich mich zu sehr an sie gewöhnt, aber ich fühlte mich wohl damit, merkte eine Hautstraffung und eine allgemeine Vitalität, auch was meine Sexualität betraf. Das alles war halt genauso, wie ich es aus meinen besten Jahren gewohnt war.» (Sabine B., Jahrgang 1935, erste Wunschkindpillengeneration, Interview am 16.6.2014)

Und während die Wunschkindpille viele Frauen mittleren Alters noch weiter mit den entsprechenden Hormonen versorgte, gingen andere Ärzte kurz vor der Wende immer laxer mit den Möglichkeiten um, über Bezirksapotheken an die Hormonersatztherapie zu gelangen. Nach der Wende wurde das Motto «Östrogene für alle» schnell zu einer gesamtdeutschen Devise, und bis ins 21. Jahrhundert hinein blieb es für Frauen vollkommen normal, Hormone einzuwerfen, sobald sie die Lebensmitte erreicht hatten. Dabei gaben Frauen mit einem höheren sozialen Status fast dreimal so häufig an, Hormone zu konsumieren, wie Frauen aus den unteren sozialen Schichten.[4]

Viele Frauen werden in den Wechseljahren von Hitzewallungen, Schlafstörungen, Kopf- und Gelenkschmerzen, einer trockenen Scheide, Stimmungsschwankungen, Angstgefühlen oder Depressionen heimgesucht. Zwar lassen die künstlichen Hormone die Beschwerden verschwinden, doch vergingen einer Studie zufolge die Hitzewallungen auch bei 58 Prozent der Frauen, die ein Placebo eingenommen hatten.[5] Bei den Frauen, die kein Medikament anwendeten, verringerten sich diese Probleme ebenfalls innerhalb weniger Monate und verschwanden bei 90 Prozent der Probandinnen nach vier bis fünf Jahren.[6]

Karin L., die Ende der 1950er Jahre mit 17 Jahren Mut-

den Link: http://www.ema.europa.eu/ema/index.jsp?curl=pages/ medicines/human/referrals/Combined_hormonal_contraceptives/ human_referral_prac_000016.jsp&mid=WC0b01ac05805c516 f.

21 Bérénice Rocfort-Giovanni: «Scandale des pilules: la baisse des ventes fait chuter les embolie», in: *Le Nouvel Observateur*, 6.11. 2014.

22 Von 10 000 Frauen erleiden ein bis zwei ohne Einnahme der Pille eine Thrombose, unter Pillenanwenderinnen der zweiten Generation mit dem Gestagen Levonorgestrel finden sich fünf bis sieben Fälle und bei der dritten und vierten Generation mit dem Gestagen Drospirenon, Gestoden oder Desogestrel neun bis zwölf (vgl. Bundesinstitut für Arzneimittel und Medizinprodukte (2014): Kombinierte hormonale Kontrazeptiva. Umsetzung der Durchführungsbeschlüsse der EU, abrufbar unter: http://www.bfarm.de/Shared-Docs/Risikoinformationen/Pharmakovogilanz/DE/RV_STP/ RV/-khk.html).

23 Prof. Dr. Michael Ludwig, Facharzt für Frauenheilkunde und Geburtshilfe mit dem Schwerpunkt gynäkologische Endokrinologie und Reproduktionsmedizin. Interview am 16.11.2011.

24 Schriftliche Nachfrage beim Bundesinstitut für Arzneimittel am 17. Juni 2015.

25 Schriftliche Nachfrage bei der amerikanischen Gesundheitsbehörde FDA am 27. Juli 2010.

26 Schering: *Yasmin*, Produktinformation, ohne Druckzeichen, und Jenapharm: *Petibelle*, Produktinformation, Druckzeichen MG0066/10.00, zitiert in: *arznei-telegramm*, 21.11.2000.

27 J. P. Vandenbroucke und F. R. Rosendaal: «End of line for ‹third-generation-pill› controversy?», in: *Lancet* 349/1997, S. 1113 f.

28 «Risiko von venösen Thromboembolien bei Einnahme von Drospirenon-haltigen kombinierten oralen Kontrazeptiva (Yamin/Yasminelle, Aida, Yaz, Petibelle)», in: *Deutsches Ärzteblatt*, 45/2011, S. 2442 f.

29 Vgl. http://www.risiko-pille.de, letzter Zugriff am 15.04.2015.

30 Dr. Martin Brandt, Facharzt für Frauenheilkunde und Geburtshilfe und Endokrinologie in Erfurt, Interview am 3.12.2014.

31 Begleitheft der Pille *Yasminelle* von Bayer, Stand 2006.

Hormone für alle weiblichen Lebenslagen

1 Petra Kolib: *Weiblichkeit ist keine Krankheit. Die Medialisierung körperlicher Umbruchphasen im Leben von Frauen.* München 2000, S. 165 f.

2 Robert A. Wilson: *Femin forever.* New York 1966.

3 Prof. Dr. Siegfried Akkermann, ehemaliger Direktor des Instituts für Sozialmedizin der Universität Rostock, Interview am 5.12.2014.

4 Yong Du et al.: «Differences in menopausal hormone therapy use among women in Germany between 1998 and 2003», in: *Biomedcentral Women's Health,* 2007.

5 Heidi D. Nelson: «Commonly used types of post-menopausal estrogen for treatment of hot flashes. Scientific review», in: *Journal of the American Medical Association,* 291/2004, S. 1610–1620.

6 Deborah Grady: «Management of Menopausal Symptoms», in: *The New England Journal of Medicine,* 22/2006, S. 2338–2347.

7 Ursula Härtel: «Gesundheitliche Lebensqualität und psychisches Befinden nach Absetzen der Hormontherapie in der Menopause. Methoden und vorläufige Erkenntnisse einer noch laufenden placebo-kontrollierten Studie», in: *Hormontherapie bei (post-)menopausalen Frauen in Deutschland 2007. Beiträge zur Gesundheitsberichterstattung des Bundes.* Herausgegeben vom Robert Koch-Institut. Berlin 2008, S. 35.

8 Jacques E. Rossouw et al.: «Risks and benefits of estrogen plus progestin in healthy postmenopausal women. Principal results from the women's health initiative randomized controlled trial», in: *Journal of the American Medical Association* 288/2002, S. 321–333; Deborah Grady et al.: «Effect of postmenopausal hormone therapy on cognitive function. The Heart and Estrogen/progestin Replacement Study», in: *American Journal of Medicine* 113/2002, S. 543–548.

9 Dr. Martin Brandt, Facharzt für Frauenheilkunde, Geburtshilfe und Endokrinologie in Erfurt, Interview am 3.12.2014.

10 Hildtraut Knopf et al.: «Anwendungsprävalenz und Anwenderinnenprofile in Deutschland vor und nach WHI», in: *Beiträge zur Gesundheitsberichterstattung des Bundes. Hormontherapie bei (post-)menopausalen Frauen in Deutschland 2007. Studienergebnisse zu Nutzen, Risiken und Versorgungsrealität.* Herausgegeben vom Robert Koch-Institut. Berlin 2008, S. 26.

11 Studie des Wissenschaftlichen Instituts der AOK (WIdO) Bonn

und der Stiftung Warentest: «Rezepte mit Risiken. Hormontherapie», in: *test*, 7/2005, S. 95; vgl. weiterhin: Yong Du et al. (wie Anmerkung 4).

12 S. Sabia et al.: «Risk factors for onset of menopausal symptoms.
Results from a large cohort study», in: *American Journal of Epidemiology*, 166/2008, S. 1479 f.

13 Flora E. van Leeuwen und Matti A. Rookus: «Breast cancer and
hormone-replacement therapy in the Million Women Study», in:
Lancet, 362/2003, S. 419–427; Dieter Flesch-Janys et al.: «Risk of
different histological types of postmenopausal breast cancer by
type and regimen of menopausal hormone therapy», in: *International Journal of Cancer*, 123/2008, S. 933–941.

14 Anne Göttenauer und Alfred O. Mueck: «Renaissance der Hormonersatztherapie. Bericht von der Jahrestagung der Deutschen
Menopause Gesellschaft e. V.», in: *Frauenarzt*, 3/2013, S. 264–
266.

15 Louise Lind Schierbeck et al.: «Effect of hormone replacement
therapy on cardiovascular events in recently postmenopausal women. Rendomised trial», in: *British Medical Journal*, 345/2012,
S. 1–8.

16 Arbeitskreis Frauengesundheit (AKF): Hintergrundpapier des
AKF e. V. zur Hormontherapie bei Frauen in und nach den Wechseljahren (postmenopausale Hormontherapie, 8.3.2013, S. 2 f., abrufbar unter: http://www.akf-info.de/uploads/media/hintergrund_
erklaerung_2013.pdf, letzter Zugriff am 25.04.2015.

6. Männer und ihre Pillen

Männer und Lifestyle

1 http://www.mensworld24.com/testosteron-booster-15/?gclid=-
CJaosfTrgcQCFYgKwwodvpkAow (Zugriff am 1.11.2014); vgl.
auch: http://www.steadyhealth.com/articles/Natural_testoste-
rone_boosters_a337.html (Zugriff am 1.11.2014); Thomas W. Sto-
rer et al.: «Changes in muscle mass, muscle strength, and power but
not physical function are related to testosterone dose in healthy
older men», in: *Journals of the American Geriatrics Society*, 11/2008,
S. 1991–1999.

2 Eckhard Leifke et al.: «Age-related changes of serum sex hormones,

insulin-like growth factor-1 and sex-hormone binding globulin levels in men. Cross-sectional data from healthy male cohort», in: *Clinical Endocrinology*, 6/2000, S. 689–695.

3 Jochen Huber und Alfred Worm: *Man(n) wird jünger… und attraktiver. Die Checkliste für den Mann*. Wien 1999, S. 32.

4 Siegfried Meryn und Georg Kindel: *Kursbuch Mann*. Wien 2002, S. 286.

5 Pro Familia: *Familienplanungsrundbrief*, 1/2001, S. 13.

Männer und Verhütung

1 Cornelia Helfferich: *Jugend, Körper und Geschlecht. Die Suche nach sexueller Identität*. Opladen 1994.

2 Walter Friedrich und Kurt Starke: *Liebe und Sexualität bis 30*. Berlin 1984, S. 318.

3 Bernhard Fink und Beate Wimmer-Puchinger: *Aids-Jugendstudie 1997*. Herausgegeben vom Ludwig Boltzmann-Institut für Frauengesundheitsforschung im Auftrag des Bundesministeriums für Arbeit, Gesundheit und Soziales. Wien 1998.

4 Bundeszentrale für gesundheitliche Aufklärung (Hrsg.): *Sexualität und Kontrazeption aus der Sicht der Jugendlichen und ihrer Eltern*. Köln 1998.

5 Ebd.

6 Konrad Weller: *PARTNER 4. Sexualität & Partnerschaft ostdeutscher Jugendlicher im historischen Vergleich*. Merseburg 2013.

7 Bundeszentrale für gesundheitliche Aufklärung (Hrsg.): *Jugendsexualität 2010. Repräsentative Wiederholungsbefragung von 14- bis 17-Jährigen und ihren Eltern*. Köln 2010, S. 11.

Die Pille für den Mann

1 Sollte es jemals eine «Männerpille» geben, so wird es sich dabei wohl eher um eine Spritze handeln, denn das in einem Dragee enthaltene Testosteron wäre noch zu hoch dosiert und würde vermutlich die Leber schädigen.

2 Eberhard Barth und Bernhard Strauss: *Männer und Verhütung*. Braunschweig 1986.

3 Klaas Heinemann et al.: «Attitudes towards male fertility control. Results of a multinational survey on four continents», in: *Human Reproduction*, 20/2004, S. 549–556; C. W. Martin et al.: «Potential

impact of hormonal male contraception. Cross-cultural implications for development of novel preparations», in: *Human Reproduction*, 15/2000, S. 637–645.

4 Gregory Pincus: *The control of fertility*. New York 1965.

5 Klaus Latzel: *Staatsdoping. Der VEB Jenapharm im Sportsystem der DDR*. Wien/Köln/Weimar 2009, S. 17.

6 L. Turner et al.: «Contraceptive efficacy of a depot progestin and androgen combination in men», in: *Journal of clinical endocrinology and metabolism*, 88/2003, S. 4659–4667.

7 Prof. Dr. Herbert Kuhl, Professor für Endokrinologie, Zentrum der Frauenheilkunde und Geburtshilfe der Goethe-Universität, Frankfurt am Main, Interview am 30.11.2011.

8 WHO Task Force on Methods for the Regulation of Male Fertility: «Contraceptive efficacy of testosterone-induced azoospermia and oligozoospermia in normal men», in: *Fertility and Sterility*, 65/1996, S. 821–890.

9 Prof. Dr. Eberhard Nieschlag, Arzt für innere Medizin, Endokrinologie und Andrologie, ehemaliger Direktor des Instituts für Reproduktionsmedizin des Universitätsklinikums Münster, Interview am 10.11.2014.

10 Organon wurde an die amerikanische Firma Merck und Schering an Bayer verkauft.

11 Prof. Dr. Eberhard Nieschlag (wie Anmerkung 9), Interview am 10.11.2014. Auch andere Wissenschaftler für männliche Kontrazeption sind der Überzeugung, dass die Pharmaindustrie kein Interesse an einer Pille für den Mann hat, da sie sich kaum in der entsprechenden Forschung engagiert. Möglicherweise stimmt für sie das Verhältnis zwischen dem Profit und den Kosten, die noch in die Entwicklung investiert werden müsste, nicht. Vgl. David J. Handelsmann: «Hormonal male contraception. Lessons from the East when the Western market fails», in: *Journal of clinical endocrinology and metabolism*, 88/2003, S. 559–561.

12 Prof. Dr. Eberhard Nieschlag (wie Anmerkung 9), Interview am 10.11.2014.

13 M. Y. Roth et al.: «Acceptability of a transdermal gel-based male hormonal contraceptive in a randomized controlled trial», in: *Contraception*, 90/2014, S. 407–412.

7. Nebenwirkungen erwünscht –
wie wir unsere sexuelle Befreiung verspielen

1 Bernhard Heinzlmaier und Philipp Ikrath: *Generation Ego. Die Werte der Jugend im 21. Jahrhundert.* Wien 2013, S. 49.
2 Shell Deutschland Holding (Hrsg.): *Jugend 2010. 16. Shell Jugend-studie.* Frankfurt am Main 2010, S. 57; Institut für Jugendkulturfor-schung: *Jugendstudie.* Wien 2012, S. 31.
3 Bernhard Heinzlmaier und Philipp Ikrath: *Generation Ego. Die Werte der Jugend im 21. Jahrhundert.* Wien 2013, S. 150f.

Auswahlbibliographie

Albach, Horst (Hrsg.): *Culture and Technical Innovation. A Cross-Cultural Analysis and Policy Recommendations.* Berlin/New York 1994

Amendt, Gunther: *SexFront.* Frankfurt am Main 1970

Arowojolu, A. O. et al.: «Combined oral contraceptive pills for treatment of acne», in: *The Cochrane Database of Systematic Reviews,* 6/2012, CD004425

Asbell, Bernard: *Die Pille – und wie sie die Welt veränderte.* Frankfurt am Main 1998

Bagel-Bohlan, Anja; Salewski, Michael (Hrsg.): *Sexualmoral und Zeitgeist im 19. und 20. Jahrhundert.* Opladen 1990

Bardeleben, Hans; Fieberg, Ralf; Reimann, Bruno W.: *Abschied von der sexuellen Revolution. Liebe und Sexualität der «Nach-68er-Generation» in Zeiten von Aids. Ergebnisse sozialwissenschaftlicher Aidsforschung.* Berlin 1995

Barth, Eberhard; Strauss, Bernhard: *Männer und Verhütung.* Braunschweig 1986

Berger, Maria Minola: *Die Diskussion um den Schwangerschaftsabbruch im Deutschen Ärzteblatt von 1949 bis 1976.* Dissertation Ruhr-Universität Bochum 2010

Bittighöfer, Bernd: «Sozialistische Geschlechtsmoral und Erziehung der jungen Generation zu sittlich wertvoller Partnerschaft», in: *Pädagogik,* 20/9, Berlin (Ost) 1965, S. 791–800

Bloemenkamp, Kitty W. M. et al.: «Higher Risk of Venous Thrombosis During Early Use of Oral Contraceptives in Women With Inherited Clotting Defects», in: *Archives of Internal Medicine,* 1/2000, S. 49–52

Bretschneider, Wolfgang: *Liebe und Ehe.* Leipzig 1962

Bruhm-Schlegel, Uta; Kabat vel Job, Otmar: *Junge Frau heute. Wie sie sind – was sie wollen.* Leipzig 1981

Buske, Sybille: *Fräulein Mutter und ihr Bastard. Eine Geschichte der Unehelichkeit in Deutschland 1900–1970.* Göttingen 2004

Bundeszentrale für gesundheitliche Aufklärung (Hrsg.): *Sexualität und*

Kontrazeption aus der Sicht der Jugendlichen und ihrer Eltern. Köln 1998

Bundeszentrale für gesundheitliche Aufklärung (Hrsg.): *Jugendsexualität 2010. Repräsentative Wiederholungsbefragung von 14- bis 17-Jährigen und ihren Eltern.* Köln 2010

Clement, Ulrich: *Sexualität im sozialen Wandel. Eine empirische Vergleichsstudie an Studenten 1966 und 1981.* Stuttgart 1986

Cook, Hera: *The Long Sexual Revolution.* Oxford 2004

Dinger, Jürgen C.; Heinemann, L. A.; Kühl-Habich, D.: «The safety of a drospirenone-containing oral contraceptive. Final results from the European Active Surveillance Study on oral contraceptives based on 142,475 women-years of observation», in: *Contraception,* 75/2007, S. 344–354

Dinger, Jürgen C.; Bardenheuer, Kristina; Heinemann, Klaas: «Cardiovascular and general safety of a 24-day regimen of drospirenone-containing combined oral contraceptives. Final results from the international active surveillance study of women taking oral contraceptives», in: *Contraception,* 04/2014, S. 253–254

Dose, Ralf: *Die Durchsetzung der chemisch-hormonellen Kontrazeption in der Bundesrepublik Deutschland.* Berlin 1989

Eder, Franz X.: *Kultur der Begierde. Eine Geschichte der Sexualität.* München 2009

Eser, Albin; Koch, Hans-Georg (Hrsg.): *Schwangerschaftsabbruch im internationalen Vergleich. Rechtliche Grundlagen, soziale Rahmenbedingungen, empirische Grunddaten.* Teil 1: Europa. Band 21. Baden-Baden 1988

Flesch-Janys, Dieter et al.: «Risk of different histological types of postmenopausal breast cancer by type and regimen of menopausal hormone therapy», in: *International Journal of Cancer,* 123/2008, S. 933–941

Foidar, Jean-Michel: «Effects of a new oral contraceptive containing an antimineralocorticoid progestogen, drospirenone, on the renin-aldosterone system, body weight, blood pressure, glucose tolerance, and lipid metabolism», in: *The Journal of Clinical Endocrinology and Metabolism,* 80/1995, S. 1816–1821

Foidart, Jean Michel et al.: «A comparative investigation of contraceptive reliability, cycle control and tolerance of two monophasic oral contraceptives containing either drospirenone or desogestrel», in: *European Journal of Contraception and Reproductive Health,* 5/2000, S. 124–134

Friedeburg, von Ludwig: *Die Umfrage in der Intimsphäre*. Stuttgart 1953

Friedrich, Walter; Starke, Kurt: *Liebe und Sexualität bis 30*. Berlin 1984

Friedrich, Walter; Förster, Peter; Starke, Kurt: *Das Zentralinstitut für Jugendforschung Leipzig 1966–1990. Geschichte, Methoden, Erkenntnisse*. Berlin 1999

Giese, Hans; Schmidt, Gunter: *Studenten-Sexualität. Verhalten und Einstellung*. Reinbek 1968

Glaeske, Gerd; Schicktanz, Christl: *BARMER GEK Arzneimittelreport 2011*. Berlin 2011

Hahn, Daphne: *Modernisierung und Biopolitik. Sterilisation und Schwangerschaftsabbruch in Deutschland nach 1945*. Frankfurt am Main 2000

Handelsman David J.: «Hormonal male contraception. Lessons from the East when the Western market fails», in: *Journal of clinical endocrinology and metabolism*, 88/2003, S. 559–561

Haile, Robert W. et al.: «RCA1 and BRCA2 mutation carriers, oral contraceptive use and breast cancer before age 50», in: *Cancer Epidemiology, Biomarkers and Prevention*, 15/2006, S. 1863–1870

Hallpap, Peter: *Geschichte der Chemie in Jena im 20. Jahrhundert*. Jena 2005

Hannaford, Philip C. et al.: «Mortality among contraceptive pill users. Cohort evidence from Royal College of General Practitioners' Oral Contraception Study», in: *British Medical Journal*, 2010; 340: c 927

Heinzlmaier, Bernhard; Ikrath, Philipp: *Generation Ego. Die Werte der Jugend im 21. Jahrhundert*. Wien 2013

Heitmeyer, Wilhelm (Hrsg.): *Individualisierung von Jugend*. Weinheim/Basel 2011

Helfferich, Cornelia: *Jugend, Körper und Geschlecht. Die Suche nach sexueller Identität*. Opladen 1994

Helwig, Gisela; Nickel, Hildegard Maria (Hrsg.): *Frauen in Deutschland 1945–1992*. Berlin 1993

Herzog, Dagmar: *Die Politisierung der Lust. Sexualität in der deutschen Geschichte des zwanzigsten Jahrhundert*. München 2005

Hinze, Lieselotte: *Zum Einfluss der Berufstätigkeit und der soziofamiliären Bedingungen auf die Gesundheit der Frau. Eine sozialmedizinische Studie*. Dissertation. Medizinische Akademie Magdeburg 1979

Huber, Johannes; Worm, Alfred: *Man(n) wird jünger... und attraktiver. Die Checkliste für den Mann*. Wien 1999

Hunger, Heinz: *Das Sexualwissen der Jugend*. München/Basel 1960

Kemmeren, J. M. et al.: «Third generation oral contraceptives and risk of venous thrombosis. A meta-analysis», in: *British Medical Journal*, 323/2001, S. 131–134

Kemmeren J. M.: «Effect of second- and third-generation oral contraceptives on fibrinolysis in the absence or presence of the factor V Leiden mutation», in: *Blood Coagulation and Fibrinolysis*, 13/2002, S. 373–381

Knecht, Michi: *Zwischen Religion, Biologie und Politik. Eine kulturanthropologische Analyse der Lebensschutzbewegung*. Berlin, Münster, Wien, Zürich, London 2006

Kolano, Uta: *Kollektiv d'Amour*. Berlin 2012

Kuhl, Herbert; Wiegratz, Inka: *Langzyklus. Weniger Menstruationen, weniger Menstruationsbeschwerden, weniger zyklusabhängige Erkrankungen*. Stuttgart 2010

Leifke, Eckhard et al.: «Age-related changes of serum sex hormones, insulin-like growth factor-1 and sex-hormone binding globulin levels in men. Cross-sectional data from healthy male cohort», in: *Clinical Endocrinology*, 6/2000, S. 689–695

Leo, Annette; König, Christian: *Die «Wunschkindpille». Weibliche Erfahrung und staatliche Geburtenpolitik in der DDR*. Göttingen 2015.

Lidegaard, Øjvind et al.: «Hormon contraception and risk of venous thromboembolism. National follow-up study», in: *British Medical Journal*, 13.8.2009, 339: b 2921

Lidegaard, Øjvind et al.: «Risk of venous thromboembolism from use of oral contraceptives containing different progestogens and oestrogen doses. Danish cohort study, 2001–2009», in: *British Medical Journal*, 13.8.2009, 339: b 2921

Liu, Hau et al.: «Systematic review. The safety and efficacy of growth hormone in the healthy elderly», in: *Annals of Internal Medicine*, 146/2007, S. 104–115

Ludwig, Michael; Grave, Cathrin; Hugo, Ute: «Orale Kontrazeptiva mit antiandrogen wirksamer gestagener Komponente», in: *Frauenarzt*, 47/2006, S. 25–28

Mahrad, Christa: *Schwangerschaftsabbruch in der DDR. Gesellschaftliche, ethische und demographische Aspekte*. Frankfurt am Main 1987

Malich, Lisa: «Vom Mittel der Familienplanung zum differenzierenden Lifestyle-Präparat. Bilder der Pille und ihrer Konsumentin in gynäkologischen Werbeanzeigen seit den 1960er Jahren in der BRD und Frankreich», in: *NTM, Zeitschrift für Geschichte der Wissenschaften, Technik und Medizin*, 20/2012, S. 1–30

Marks, Lara V.: *Sexual Chemistry. A History of the Contraceptive Pill.* London 2001

Martin, C. W. et al.: «Potential impact of hormonal male contraception; cross-cultural implications for development of novel preparations», in: *Human Reproduction*, 15/2000, S. 637–645

Mehlan, Karl-Heinz: *Wunschkinder? Familienplanung, Antikonzeption und Abortbekämpfung in unserer Zeit.* Berlin (Ost) 1969

Meryn, Siegfried; Kindel, Georg: *Kursbuch Mann.* Wien 2002

Metz-Becker, Marita (Hrsg.): *Wenn Liebe ohne Folgen bliebe ... Zur Kulturgeschichte der Verhütung.* Marburg 2006

Nelson, Heidi D.: «Commonly used types of post-menopausal estrogen for treatment of hot flashes. Scientific review», in: *Journal of the American Medical Association*, 291/2004, S. 1610–1620

Neubert, Rudolf: *Die Geschlechterfrage. Ein Buch für junge Menschen.* Rudolstadt 1956

Neubert, Rudolf: *Das neue Ehebuch. Die Ehe als Aufgabe der Gegenwart und Zukunft.* Rudolstadt 1957

Niehuss, Merith: *Familie, Frau und Gesellschaft. Studien zur Strukturgeschichte der Familie in Westdeutschland 1945–1960.* Göttingen 2001

Paul, Charlotte: «Hormone therapy and breast cancer incidence. Did epidemiologists miss an effect on national trends?», in: *International Journal of Epidemiology*, 37/2008, S. 638–640

Pincus, Gregory: *The control of fertility.* New York 1965

Pomp, Elisabeth R. et al.: «Risk of venous thrombosis: obesity and its joint effect with oral contraceptive use and prothrombotic mutations», in: *British Journal of Haematology*, 139/2007, S. 289–296

Postman, Neil: *Wir amüsieren uns zu Tode. Urteilsbildung im Zeitalter der Unterhaltungsindustrie.* Frankfurt am Main 1985

Pust, Heiko: *Die sichere Lust. Verhütung für den Mann.* Bremen 2014

Reich, Wilhelm: *Die Sexualität im Kulturkampf. Zur sozialistischen Umstrukturierung des Menschen.* Kopenhagen 1936

Robert Koch-Institut Berlin: *Arzneimittelkonsum. Gesundheit und Inanspruchnahme des Gesundheitssystems.* Berlin 2008

Robert Koch-Institut Berlin: *Hormontherapie bei (post-)menopausalen Frauen in Deutschland 2007. Beiträge zur Gesundheitsberichterstattung des Bundes.* Berlin 2008

Rossouw, Jacques E. et al.: «Risks and benefits of estrogen plus progestin in healthy postmenopausal women. Principal results from the women's health initiative randomized controlled trial», in: *Journal of the American Medical Association*, 3/2002, S. 321–333

Roth, Klaus: *Chemische Leckerbissen*. Weinheim 2014

Roth, Mara Y. et al.: «Acceptability of a transdermal gel-based male hormonal contraceptive in a randomized controlled trial», in: *Contraception*, 90/2014, S. 407–412

Sänger, Eva: *Begrenzte Teilhabe. Ostdeutsche Frauenbewegung und Zentraler Runder Tisch in der DDR*. Frankfurt am Main 2005

Sauter, Arnold; Gerlinger, Katrin: *Der pharmakologisch verbesserte Mensch. Leistungssteigernde Mittel als gesellschaftliche Herausforderung*. Berlin 2012

Sean, Hennessy et al.: «Risk of venous thromboembolism from contraceptives containing gestodene and desogestrel versus levonorgestrel. A meta-analysis and formal sensitivity analysis», in: *Contraception*, 64/2001, S. 125–133

Shell Deutschland Holding (Hrsg.): *Jugend 2010. 16. Shell-Jugendstudie*. Frankfurt am Main 2010

Schetsche, Michael; Schmidt, Renate-Berenike (Hrsg.): *Sexuelle Verwahrlosung. Empirische Befunde, gesellschaftliche Diskurse, sozialethische Reflexionen*. Wiesbaden 2010

Schildt, Axel; Siegfried, Detlef (Hrsg.): *Between Marx and Coca-Cola. Youth Cultures in Changing European Societies, 1960–1980*. Oxford 2005

Schlaeger, Hilke: *Mein Kopf gehört mir. Zwanzig Jahre Frauenbewegung*. München 1988

Schmidt, Gunter (Hrsg.): *Jugendsexualität. Sozialer Wandel, Gruppenunterschiede, Konfliktfelder*. Stuttgart 1993

Schmidt, Gunter: *Sexuelle Verhältnisse. Über das Verschwinden der Sexualmoral*. Reinbek 1998

Schnabl, Siegfried: *Mann und Frau intim*. Berlin 1969

Seeger, J. D. et al.: «Risk of thromboembolism in women taking ethinylestradiol/drospirenone and other oral contraceptives», in: *Obstetrics and Gynecology*, 110/2007, S. 587–593

Sigusch, Volkmar: *Neosexualitäten. Über den kulturellen Wandel von Liebe und Perversion*. Frankfurt am Main 2005

Silies, Eva-Maria: *Liebe, Lust und Last. Die Pille als weibliche Generationserfahrung in der Bundesrepublik 1960–1980*. Göttingen 2010

Starke, Kurt: *Junge Partner. Tatsachen über Liebesbeziehungen im Jugendalter*. Leipzig/Jena/Berlin 1981

Staupe, Gisela; Vieth, Lisa (Hrsg.): *Unter anderen Umständen. Zur Geschichte der Abtreibung*. Berlin 1993

Staupe, Gisela; Vieth, Lisa: *Die Pille. Von der Lust und von der Liebe*. Berlin 1996

Steinbacher, Sybille: *Wie der Sex nach Deutschland kam. Der Kampf um Sittlichkeit und Anstand in der frühen Bundesrepublik*. München 2011

Thurnwald, Hilde: *Gegenwartsprobleme Berliner Familien. Eine soziologische Untersuchung*. Berlin 1948

Turner, L. et al.: «Contraceptive efficacy of a depot progestin and androgen combination in men», in: *Journal of clinical endocrinology and metabolism*, 88/2003, S. 4659–4667

Upton, G. V.; Corbin A.: «The relevance of the pharmacologic properties of a pro-gestational agent to its clinical effects as a combination oral contraceptive», in: *Yale Journal of Biology and Medicine*, 62/1989, S. 445–457

van Hylckama Vlieg, A. et al.: «The venous thrombotic risk of oral contraceptives, effects of oestrogen dose and progestogen type. Results of the MEGA case-control study», in: *British Journal of Medicine*, 13.8.2009, 339: b 2921

Vandenbroucke, J. P.; Rosendaal, F. R.: «End of line for ‹third-generation-pill› controversy?», in: *Lancet*, 349/1997, S. 1113–1114

Weller, Konrad: *Der Partner-III-Report. Jugendsexualität. Sexualität und Partnerschaft der 16- bis 18jährigen Ostdeutschen im Vergleich 1980–1990*. Leipzig 1991

Weller, Konrad: *PARTNER 4. Sexualität & Partnerschaft ostdeutscher Jugendlicher im historischen Vergleich*. Merseburg 2013

Wilson, Robert A.: *Feminin forever*. New York 1966

WHO Task Force on Methods for the Regulation of Male Fertility: «Contraceptive efficacy of testosterone-induced azoospermia in normal men», in: *Lancet* 336/1990, S. 955–959

WHO Task Force on Methods for the Regulation of Male Fertility: «Contraceptive efficacy of testosterone-induced azoospermia and oligozoospermia in normal men», in: *Fertility and Sterility*, 65/1996, S. 821–890

Wolle, Stefan: *Die heile Welt der Diktatur. Alltag und Herrschaft in der DDR*. Band 2. Berlin 2013

Wurzbacher, Gerhard: *Gesellschaftsformen der Jugend*. München 1966

Aus dem Verlagsprogramm

Gabriela Häfner, Bärbel Kerber
Das innere Korsett
Wie Frauen dazu erzogen werden, sich ausbremsen zu lassen
2015. 217 Seiten. Klappenbroschur
Beck Paperback Band 6184

Anonyma
Ganz oben
Aus dem Leben einer weiblichen Führungskraft
Mit einem Vorwort von Monika Schulz-Strelow
3. Auflage. 2013. 160 Seiten. Klappenbroschur
Beck'sche Reihe Band 6076

Elisabeth Badinter
Der Konflikt
Die Frau und die Mutter
Aus dem Französischen von Ursula Held und Stephanie Singh
2. Auflage. 2010. 222 Seiten. Gebunden

Nicholas D. Kristof, Sheryl WuDunn
Die Häfte des Himmels
Wie Frauen weltweit für eine bessere Zukunft kämpfen
Mit einem Vorwort von Margot Käßmann,
aus dem Englischen von Karl-Heinz Siber, die Seiten 11 bis 86
wurden übersetzt von Grete Osterwald
2. Auflage. 2013. 359 Seiten mit 43 Abbildungen. Paperback
Beck'sche Reihe Band 6001

Ute Gerhard
Frauenbewegung und Feminismus
Eine Geschichte seit 1789
2. Auflage. 2012. 128 Seiten. Paperback
C.H.Beck Wissen Band 2463

Verlag C.H.Beck München